The Narrative of Developmental Differences

発達障害がある人の
ナラティヴを聴く

―― 「あなた」の物語から学ぶ私たちのあり方 ――

山本智子 [著]

ミネルヴァ書房

山本智子さんの著書に寄せて

　新鮮な驚きを覚える本です。言葉が生きています。
　援助者の「私」には見えてないこと，専門家としての「私」の限界に気づかされることは，援助の現場ではいつも起きていることです。ただ，援助者の側の意識に立ち現れにくいです。援助者として関わる「私」も，「あなた」を当事者とする社会と制度のシステムの一員であってそこから逃れられないのです。山本さんは，現場において暗黙のものになっているところをよく描き出しています。現場で動き動かされつつ言葉をていねいに相手に伝えるから，山本さんと接する多くの障害者や施設職員の方々が語りだしてくれるのでしょう。
　彼らの多くは，言葉を失った人たちです。それは「障害」を持っているからという意味ではありません。自分の言葉を聴いてもらう体験に恵まれなかった事情があるのでしょう。各章に登場する一人一人が際立って，語りはじめます。名前を持つ個人としてはっきりとした輪郭をもつのです。これが対人援助の原型です。
　小さな声，つぶやきを聴き届ける山本さんの耳の良さに驚きます。
　それではどうして，そんなふうに「あなた」の世界に入っていけるのでしょうか。山本さんの言葉が相手に伝わるからです。「あなた」の心に届くからです。そして山本さんが「あなた」の言葉を自分の心に入れて，感じ取っているからです。このように人と人の間に交わされる言葉と聴き手の心に生まれてくる言葉を含めて，私たちはナラティヴと呼んでいます。
　心理学や障害学の書籍の一冊としてこの本を手に取られた方は，「私」や「あなた」，そして個人の固有の名前が飛び出してくる記述に一瞬戸惑うかもしれません。しかし一人称と二人称の言葉で作りあげていく心理学や障害学は，実は最先端の科学との接点があるのです。
　各章に出てくる山本さんと当事者や職員とのやりとりは，しごく自然でシンプルに見えますが，実は最も難しいことをやっているのかもしれません。山本

さんは声掛け，言葉掛けの達人です。天性の資質があるのでしょうが，苦労を重ねられた跡がうかがえます。

　対人援助の仕事は多様になり，従事する人が増えてきた現在，障害や病に関する情報と言葉はあふれかえっています。ところが互いの心をくぐって生まれてくるかんじんな言葉は，そのような情報としては残らないのです。本書は山本さんが，多くの人と真摯に会ってこられた，その結実です。

　本書に登場される方々，一人一人の言葉にさっそく耳を傾けてみましょう。

神戸大学名誉教授
森岡正芳

はじめに
――「あなた」の物語を聴かせてください――

「僕はそういうところでは生きていないのです」

　この言葉は，アスペルガー症候群と診断された藤本大地さん（仮名　45歳）にインタビューをしている途中で遠慮深く言われた言葉です。私はすぐにその意味を理解しました。そして，自分自身に対して深くため息をついてしまいました。インタビューに協力してくださった藤本さんは，大学を卒業後に化学系の研究職についたのですが，人間関係が原因で退職し，そのまま十数年間を引きこもりとして過ごしました。その後，再就職がどうしてもうまくいかなかったため，周囲から勧められて医療機関を訪れ，アスペルガー症候群と診断を受けました。今は障がいのある人のためのグループ・ホームに住みながら作業所を利用しています。作業所だけでは食べていくことも苦しいと語る男性に，「作業所ではなく就労移行支援を利用したらどうでしょうか。藤本さんはいろいろなことが得意ですし，専門的な知識も豊富なので，マッチングさえあえば，就職も十分できるでしょう。収入が増えれば，結婚をして家族をもつこともできますね」と言ったのです。冒頭の言葉はそこで語られたのです。

　　就職や結婚が幸せだと考えますか？　やっぱり，あなたもそうなのですか？　僕はそういうところで生きてはいないのです。

　藤本さんに診断されたアスペルガー症候群とは，2014年に改訂されたDSM-5（アメリカ精神医学会の「精神疾患の診断・統計マニュアル」：American Psychiatric Association, 2013/2014）では自閉症スペクトラム障害（ASD）として理解されているものです。医学的な観点から彼を理解すると，DSM-5で説明されているように，自閉症スペクトラム障害のある人に特徴的にみられる行動としての①「社会的コミュニケーションおよび相互関係における持続的障

害」，②「限定された反復する様式の行動，興味，活動」の両者が存在しているため，彼が就職や結婚を自分の人生における「幸せ」ととらえていないと解釈することもできます。つまり，藤本さんが「就職」や「結婚」を幸せだとは感じていないことや，生きている世界が違うと語ったことは，彼の中核的な症状からも理解できないことではありません。対人関係に困難があり就職が続かないこと，結婚生活もつねに他者と共同して行わなければならないことを考えると，自閉症スペクトラム障害の行動特性がある彼にはもしかしたら煩わしいことかもしれないと考えることもできるからです。

しかし，藤本さんの言葉に衝撃を受けた私の感覚をどう解釈すればよいのでしょうか。私はそこに，彼の障がい特性からではなく彼が生きてきた世界，生きている場所からの言葉を聴いたような気がしました。そのため，彼の言葉を聴いてすぐに，私は就職や結婚を「幸せ」という言葉と同義にとらえていた「意識していなかった私」に気づき落ち込んでしまったのでしょう。それまで，私は「幸せ」は個人にとってとても主観的なものであり，人にはその人特有の「幸せのかたち」があって当たり前であり，それは尊重されるものだと考えていたはずでした。それなのに，彼からそう指摘されたとき，言葉に詰まってしまったのです。

「就職すること」「結婚して家族を持つこと」は一般の社会の中では，たぶん多くの人が「幸せな出来事」ととらえていると思います。しかし，その私たちが考える一般的な「幸せ」は，彼の中では少し異なるとらえ方をされていたのです。藤本さんが言った「僕はそういうところで生きてはいないのです」という言葉の意味を少しでも理解するためには，私の内部に日ごろ意識していない価値観や規範があるのではないかと問い直し，もしそうであれば，それらが世の中をどうみているのかについてもう一度自分の内面に向かい合わなければならないと思いました。

私たちは，意識の上では人には多様な生き方があり，それは尊重されるべきものだと知っています。しかし，こうした対話を通じて，自分自身の奥底で眠る価値観や規範が浮き彫りにされ，それを問い直す場面に出会います。そして，

藤本さんだけではなく，自分以外の他者を理解するためには，つねに自分を知るという作業が求められます。彼が生きている「そういうところ」がどのような場所なのかを理解してはじめて，彼が思う「幸せ」や「生きにくさ」が見えてくるのではないかと思います。

　障がいのある人は，「障がい者」として理解されがちですが，「障がい」は「あなた」の一部であり，「あなた」は誰かの子どもであったり，誰かの兄弟姉妹であったり，隣に住む人であったりすることを忘れてしまっていると感じることがあります。「あなた」を理解する上で，障がいを「あなた」が生きている世界の中の一部であるととらえ，他の世界を知らなければ，「あなた」が今求めていること，感じていることを理解することはできないでしょう。その全体的な「あなた」を理解することが，「あなたの一つしかない人生」を豊かにしていくことに繋がっていくのだろうと思います。障がいとともに「あなた」が生きる世界のすべてが，はたして，障がい特性だけで説明できるものなのかどうかはわかりません。

語られない「私たち」のあり方

　発達障害がある人々の「声」には，必ず他者の存在があります。たとえば，投薬治療を勧められた翔君（仮名）の語り（山本，2010b）には，「話をしたくないお医者さん」が出てきます。翔君は当時，中学2年生。小学校のときから，乱暴な行動，聞き分けのなさを指摘され，先生からはいつも叱られていました。いくら言い聞かせても先生の指示に従えない翔君を，帰りの会で先生の隣に立たせ，「こんな子，このクラスにいりますか」と他のクラスメートに問いかけたこともあったと言います。翔君はそのことがあってから，さらに先生の指示に従わないようになり，ときには大きな声で先生に対して暴言を吐いたり，机を蹴ったりしました。中学校に上がっても，翔君の行動は収まらず，もっと反抗的に，暴力的になってきました。お母さんは，中学校の先生からも何度も学校に呼び出され，「何とかしてくれ」と頼まれました。そんな中で，翔君は発達の遅れを疑われ病院を受診することになったのです。母親から頼まれ，私も

病院に同行することになりました。翔君は受診に関して「なんで，僕が病院に」という思いが強かったようです。診察室の中では，いつも饒舌な翔君がしゃべりません。お医者さんが「何か困っていることはありますか」と聞いても，「別に」と言うだけで何も話しません。また，「どうして先生に叱られるのだと思うの」と聞いても，「わかりません」の一言しか言いません。しばらくして突然，お医者さんが，「記憶障害もあるのかなあ。学校でうまくやっていけるように少し薬を飲んでみますか」と言いました。そのときだけ「どうしてですか」と翔君は口を開きました。お医者さんは少し困ったように「自分でやっていることも覚えていないし，先生の言うこともきけないのだから薬を飲むしかないだろう」と言いました。その後，医師と母親が今後のことを相談するために，私と翔君は外に出ました。近くのファーストフードの店で私は翔君の話を聴きました。「どうして，お医者さんに困ったことはないかと聞かれたときに何も言わなかったの」と尋ねました。私はそれまでに翔君から学校の先生との関係に悩んでいると聴いていたからです。「なぜ，それを医師に告げなかったのか」。翔君はこう言いました。

　　困っていること，おかしいと思っていることを話したら1時間以上かかる。黙っていたのは，あれ以上，あの場所に居たくなかったから。

翔君は語れなかったのではなく，語らなかったのです。自分を取り巻く状況に納得ができていなかったのでしょう。学校の先生やお医者さんの翔君に対するまなざしに何かしらの意味を読み取っていたからこそ翔君は何も語らないことを選んだように思います。しかし，この誰にも伝わらなかった思いのために，翔君の行動は発達障害の視点からのみ解釈されたのだと思います。私から見れば，行き過ぎた行動とはいえ，翔君にはそれを通して訴えていた何かがあったのだろうと思います。とはいえ，精神科医が誰かを診察するときに参考にするものは，そのときに観察された状態，その場のコンテクストの中で，患者との間に起きるコミュニケーションだけなのだと考えると（ベイトソン・ロイシュ，1995），医師だけを責めることはできません。翔君が生きていた文脈の中で，

関係性の中で，何かしらの生きにくさを抱え，まだまだ発達の途上にいる翔君の精一杯の反応としての行動だったように思いますが，翔君がそれを伝えない限り周囲の人々にはその背景が見えにくいものだったのかもしれません。

私たちの役割と責任

　私たちは，その個人が生きている文脈や関係性のあり方を，一見考慮しているようで，じつはそれらをしっかりと見ていないような気がします。結局は，その個人の内部の問題として，「あなた」を取り巻く環境の一人である私たちの役割や責任を外側に置いて考えがちです。本当は，私たち自身の「あなた」への向かい方を問うことが「あなた」と同じ場所を生きる私たちが引き受けなくてはならない役割であり責任でもあるのですが，発達障害の課題は，個人の内部の問題としてとらえられることが多く，私たちがその課題に影響を与える関与者であることが語られることはそれほどありません。

　発達障害だけではなく，障がいをとらえる視点は大きく分けて，医学・リハビリモデルと社会モデルがあります。医学・リハビリモデルでは，障がいはその個人の内部にあると考えるため，その個人が社会に適応できるように治療したり，訓練をしたりします。一方，社会モデルでは，社会の側にその障がいを生じさせる要因があるため，社会のシステムや構造に問題があると考えます。

　本書では，医学・リハビリモデルや社会モデルなどの大きなモデルに依拠することなく，発達障害がある人々の語りから，「あなた」が何に困っているのか，「あなた」が生きている文脈や関係性が「あなた」の世界にどのような影響を与えているのか，「あなた」の生きる姿に私たちがどのように関与しているのか，をそのままに，素直に伝えていきたいと考えています。

　第Ⅰ部はこれまでにまとめた論文を引用しながら，今考えていることをまとめました。第Ⅱ部で紹介する事例は，本書のために新たに協力をしてくださった方々の"ナラティヴ"を中心に構成しました。

　また，本書の中ではナラティヴ・アプローチという言葉を用いていません。

それは,「自分たちの生きる世界を知ってほしい」と面接に協力をしてくれた「あなた」の"ナラティヴ"が,ともに生きようとする「私たち」の"ナラティヴ"にしっかりと温かく繋がっていくことだけを目指しているからです。そして,「あなた」と一緒に生きたいと思う「私たち」の中で新たな知見や認識を生じさせるプロセスとなり,「私たち」らしいアプローチを創造するときの一つの視点となることを願っています。

注
　本書では,原則として「障がい」という表記を用いますが,診断名や法令に関する記述等においては「障害」という表記を用います(例:発達障害,知的障害,自閉症スペクトラム障害など)。

目　次

山本智子さんの著書に寄せて（森岡正芳）

はじめに──「あなた」の物語を聴かせてください

> **第Ⅰ部　ナラティヴを聴くことの意味**
> 　　──「あなた」と「私たち」それぞれに新たな知見や認識を
> 　　生じさせるプロセス

第1章　当事者である「あなた」をとらえる視点
　　──多様な意味を見落とさないために……3
  1　語りがもつ力……3
  2　発達障害の語られ方……4
  3　「あなた」という存在は私たちの行為を反映する……10

第2章　語られなかった「私たち」のあり方……17
  1　「私たち」はどこにいる……17
  2　私たちは「あなた」の世界への関与者である……19
  3　語りをリードする聴き手の「私」……23
  4　語りの解釈に関与する「私」……25

第3章　「あなた」の内側から立ち上がる
　　「理論（説明モデル）」を聴く……35
  1　「あなた」の語りが私たちの認識を変える……35
  2　優斗君に固有の「理論（説明モデル）」……42
  3　斉藤さんに固有の「理論（説明モデル）」……55

ix

第Ⅱ部　実践の中のナラティヴ
　　　　——現場から立ち上がってくる小さな「理論」

第4章　障がいという言葉に対する「違和感」
　　　　——一つの価値観・秩序が優先される世の中で ……… 61
　1　「なぜ僕たちだけが変容を求められるのか」 ……………… 62
　2　「なぜ，僕は苦しむのだろう」 …………………………… 70

第5章　就労に向けての支援に生じた行き違い
　　　　——「あなたのため」は誰のため？ ………………… 77
　1　発達障害がある人が語る「夢」を諦めない ……………… 77
　2　面接に行かなかった理由 ………………………………… 95

第6章　「傷つく言葉」「救われる言葉」は
　　　　関係性の中で現れる ………………………………… 103
　1　学校の中で ………………………………………………… 104
　2　施設の中で ………………………………………………… 114

第7章　発達障害がある人の「ネガティヴ・フィルター」
　　　　——ネガティヴな眼差しや扱いを取り込む ……… 123
　1　人の言動や表情をネガティヴに受けとる ……………… 123
　2　「頑張ればできると教えられてきた」 ………………… 126
　3　「僕がいてもよい場所がある」 ………………………… 137

第8章　「あなた」から私たちに伝えたい思い ……………… 143
　1　「同じ歩幅で歩いてほしい」 …………………………… 143
　2　「他愛もない普通の対話もしてみたい」 ……………… 148

3　誰かに，何かに必要とされること……………………………………155

第9章　発達障害支援におけるオルタナティヴな物語
　　　　──当事者が当事者を支援するときにみえてきたもの……161
　　1　人は紙切れではわからない………………………………………………162
　　2　「問題行動」というとらえ方……………………………………………168
　　3　当事者が考える「合理的配慮」…………………………………………172

結びにかえて

引用・参考文献
索　　引

第 I 部
ナラティヴを聴くことの意味
「あなた」と「私たち」それぞれに
新たな知見や認識を生じさせるプロセス

第1章

当事者である「あなた」をとらえる視点
──多様な意味を見落とさないために──

1 語りがもつ力

　他者の語りは大きな力をもちます。他者の語りを聴くことによって,「あなた」と「私」が生きている世界の中にある認識のずれを埋めるプロセスが生じます。

　2008年に大阪の西成高校で「ホームレス問題を考える」という公開授業が開かれたときの話があります。私は2015年の春に同僚と一緒に西成高校を訪れました。大学の授業の中で,将来,中学校や高等学校の教員になりたい学生のために,「貧困学習」についての取り組みをどのように取り入れたらよいのか,展開していけばよいのかについて現場の声を聴くためでした。そのときに,貧困学習に取り組んでおられた肥下彰男先生から伺った話がとても印象に残りました。西成高校の隣には公園があります。そこで暮らしているホームレスの男性が,生徒たちの前で自分の今までの人生を語ってくれたそうです。なぜ,ホームレスになるに至ったのかなどの話を生徒たちは真剣に聴いていたそうです。それまでは,「汚い」「臭い」と距離を置き,身近で起きるホームレス襲撃事件なども人ごとだとしてそれほど関心がなかった生徒たちが,ホームレスの男性の話を聴くことによって,自分たちの問題として取り組みはじめたと言います。男性の話を聴いてから生徒たちは持ち回りで夜の見守りを始め,ホームレスの人々が襲撃を受けないように守るようにもなりました。さらに,今までは素通りしていた公園でその男性に身の上相談をしている生徒もみかけるようになったとおっしゃっていました。一人のホームレスの男性の語りが,高校生

の思いや行動を大きく動かしたのです。

　私たちが知っていると思い込んでいることがじつは知らないことであったり，知っていることを前提として他者にかかわっていく行為がじつは的外れであったりします。なぜならば，人は，自分たちが生きている世界から他者の思いや行為を解釈し，その解釈が双方にとって了解可能なものとして考えがちですが，そこに認識のずれが生じている可能性があることを意識しておかなければいつまでもお互いを理解することができないからです。

　極端な例ですが，私が見ている「赤色」をもしかしたら「青色」と見ている人もいるかもしれません。同じ「色」について話し合っていても，赤色を見ている人と，青色を見ている人では，感じ方や，振る舞い方も異なるでしょう。「なぜ，理解しあえないのか」と考えたときには，「あなたが見ている色はどんな色なのか」を聴かせてもらうとよいのだと思います。そして，「私が見ている色はどんな色なのか」について語ればよいのです。そうしてはじめて双方が了解可能な世界を生きることができるのだろうと思います。他者である「あなた」の語りだけではなく，私の語りにも関係性や生きる場の構造さえも変えてしまうほどの大きな力が潜在しているのだと思います。

2　発達障害の語られ方

中核症状と周辺症状

　私たちは「発達障害」をどのようなものだと考えているでしょうか。「発達障害」をとらえる視点は多様にあり，その考え方の違いによってアプローチの方法も様々です。ただ，その中に，個人の生きている文脈や関係性などの要因を排除して，脳の中の問題としてのみとらえる視点があるとすれば，その視点から彼らが抱えている困難や生きづらさを考えることは難しいと思います。

　障がいに対する考え方の中に，中核症状と周辺症状というものがあります。中核症状とは，その障がいがある人すべてに共通する症状です。つまり，自閉症スペクトラム障害（ASD）であれば，①「社会的コミュニケーションおよび

相互関係における持続的障害」，②「限定された反復する様式の行動，興味，活動」の両者が存在すると言われているものです。注意欠如・多動性障害（ADHD）の場合は，不注意，多動，衝動性が彼らの中核的な症状になります。学習障害（LD）は，知的発達の遅れはないが，学習に必要な「聞く」「話す」「読む」「書く」「計算」などの能力のうち，特定のものだけできない状態をいいます。一方，周辺症状とは，その障がいや疾患がある人すべてに共通する症状ではなく，その人を取り巻く心理・社会的な環境が影響する症状です。この中核症状と周辺症状は本来わけて考えられなければならないものですが，2つの症状を混在させて「障がい」を理解したつもりになっていることもあるのではないでしょうか。

　注意欠如・多動性障害を例にとれば，彼らの中核症状である不注意，多動，衝動性が，直接的に「キレる」「落第・退学」「犯罪」など反社会的な問題を引き起こすわけではありません。これらの反社会的な問題は，彼らの中核にある特性に対して心理・社会的な影響を受けた結果生じた周辺症状でしかないと思います。

　かつて，学級崩壊や不登校，引きこもりなどの社会問題の根幹に子どもたちの発達障害（とくに注意欠如・多動性障害）がみられるのではないかという見解が出されていました（塩川，2007；小林・近藤，2007など）。アメリカの統計学的研究の中には，児童期に注意欠如・多動性障害と診断された子どもの70～80％が思春期に入っても引き続き症状を見せ，その中の25～35％に反社会的行動もしくは，行為障害が現れると指摘しているものがあります（Barkley，1995/2000：169-171）。日本でも，平成10～12年に反社会性行為で児童相談所を訪れ精神科医から行為障害と診断された60名を対象に行った調査（原田，2002：164）から，子どもの成長とともに注意欠如・多動性障害から，反抗挑戦性障害となり，行為障害に至る破壊性行動障害の行進（DBDマーチ）が示唆されたということです。

　これらの調査結果だけをみれば，発達障害と社会で問題になっている現象とは直接的な関連があるように思えてしまいます。しかし，脳の器質的・機能的

な障がいが直接子どもたちを反社会的な行動へと導くことはありません。子どもが反社会的あるいは非社会的な行動に至る背景には，彼らの特性に対する否定的な扱いや無理解な対応があったと考えられます。彼らをただ責めるのではなく，彼らをただ治療するのではなく，彼らがそこまで至った背景に私たちがどう影響したのかも問われなくてはならないと思います。

私の友人に法を犯した発達障害者に対して再犯防止支援している人がいます。彼女は，支援を通して，発達障害が背景にあるから法を犯すというよりも，自分の行為が悪いと思っていない，つまり，してもよいこと，しては駄目なことを幼いころから学んでいない人が多いと感じるそうです。彼女によると，彼らの多くは，家庭や学校との関係で何らかの課題を抱えていた経験を有するそうです。彼らの中には理解するのが遅い人もいますが，親や社会から時間をかけて丁寧に適切なルールを学ぶ機会があったなら，法を犯す人は格段に減っていたのではないかと残念に思うと言います。

「発達障害」という言葉はすでに診断名ですので，そうした障がいが存在していることは自明のこととらえがちです。私自身もこの言葉を用いるときにはそこにいくばくかの疑問をもちながらも，ある人が「診断を受けた言葉」，あるいは「そこで起こっている現象を説明する一つの言葉」として用いています。しかし，DSMをはじめとする診断基準だけを読めば，そこに一生変わらない障がいが存在するように読み間違う可能性もあります。[1]

---

(1) ASD（自閉症スペクトラム障害），ADHD（注意欠如・多動性障害），LD（学習障害）のDは"Disorder"をさしていますが（学習障害は教育領域ではDisabilities，医学領域ではDisorderと考えられています），日本語では「障害」と訳されているために，読み手に混乱が生じる可能性も出てきます。そもそもこのDisorderという言葉は，無秩序とか不規則を意味し，定型発達とは発達のプロセスが異なるといった意味合いが強いと思いますが，疾患や障害と訳されることから，発達障害と診断されればそこに一生変わらない特性があるというイメージを与えてしまっているのだと思います。そして，この日本語訳である「障害」という言葉は診断される人々にとって傷つきや苦しみを生じさせる言葉になる場合もあります。なぜならば，私たちの社会や文化の中で，障がいがある人がどのように扱われ排

さらに、特別支援教育が施行されはじめた当時、子どもたちの課題は、脳に器質的あるいは機能的な障がいがあることにより生じているのであって、親の教育や教師の指導力のせいではないということが強調されたように思います。それまでの子どもの行動を巡っての保護者や教員の責められ方があまりに酷いため、こう強調したのだと思いますが、そう言いきってしまうことで、情緒的なかかわりをしなくてもよいのだ、しても変わらないのだといった誤解を与えてしまい現場を混乱させてしまっているようにも思います。

学校現場における発達障害

　学校現場では、教員の方から「障がいとは診断されていますが、どこがどう障がいなのかがわからない」「これまでもこういった行動を示す子どもはたくさんいて、叱ったり褒めたりしながら気長に指導したり、教育する中で変わっていきましたが、障がいがある子どもには特別な指導や教育の方法があると言われても、いま一つわかりません」という言葉をよく聞きます。一方、「発達障害がある子どもへの支援方法」を参照して、視覚的なツールを用いた授業を工夫した先生がいました。その授業は発達障害がない子どもからも「わかりやすくなった」と好評だったそうです。工夫をした先生は、「程度の差こそあれ、子どものできなさは共通しているのだな」と実感したと言います。そうなると、先生方の中には「障がい児教育って何だろう。クラスのみんながわかりやすい授業をすればよいだけのような気がする」と思う人も出てきました。そう単純な話ではないとは思いますが、先生が着目したユニバーサルな教育法はすべての子どもにとってわかりやすい教育になるとは思います。

　特別支援教育の対象は障がいがある子どもだけではなく、学校に在籍するすべての特別なニーズのある子どもなので、障がいがある・ないではなく、子どもたちにわかりやすい授業を工夫するのは先生の役割の一つかもしれません。

　　除されてきたのかという歴史や価値観が診断を受けた人の中に深く入り込んでいるからです。

ただ，私に話を聴かせてくださった先生のように，「障がいがある子ども」と「障がいがない子ども」を区別して語りがちな今の教育現場では，多少の混乱はあるのだろうと思います。先生方が，「障がいとは診断されていてもどこがどう障がいなのかがわからない」「今までにもこういう子どもはいたけれど」と悩まれている言葉を受けて，診断のもつ危うさについても少し考えてみます。

診断のもつ危うさ

　医学や心理学では何らかの障がいや症状を抱えて受診した来談者に対して，「アセスメント」を行います（Conners & Jett, 1999/2004：21；Neven et al., 2002/2006：29-36）。こうした場合のアセスメントの内容は基本的に，①来談者やその親に対する面接，②定性的観察，行動評価，③心理検査の3点から行われているといいます。まず①来談者やその親に対する面接については，発達障害の中でもとくに注意欠如・多動性障害に現われている症状や病歴を査定するためにもっとも重要な方法だそうです。この面接では，来談者の経歴，病歴，および成育歴がもれなく集められ，来談者の学業成績や職務成績，家族・家庭環境，社会関係，自己イメージ，自分の能力に対する信念および気分を含む個人的機能に対する情報を得ることが目的とされています。しかし，実際は，家族や教師からの聞き取りが重要視され，本人の訴えが「障がい者」ゆえに軽視される傾向にあると言われています。②の定性的観察に関しては，診断の枠組みとして当時もっとも頻繁に使われていた観察基準（DSM-Ⅳ）の信頼性を問う事例が紹介されています（Conners & Jett, 1999/2004：31）。

　この定性的観察は来談者が待合室に入ったときから行われるといいます。たとえば，来談者が「この場所を探すのにずいぶん時間がかかった」というようなコメントをすれば，そのコメントは「地図を読むことや空間記憶の障害」，あるいは「手掛かりへの慢性的な不注意を反映している可能性がある」と判断されたと書かれています。

　これは，翔君が医師に診断された場面と同じように，個人の内部で生じている感情や文脈を考慮せず，来談者のコメントのみで患者にある特定の障がいが

あると推測していたのだとすれば，それが正しい判断だったのかどうかはわかりません。ごく少数の医療者がこういった診断をする場合があるのでしょうが，診断された本人はどう受け止めたのでしょうか。もちろん，よりよい医療へと繋がっている場合が多いとは思いますが，翔君の事例を含んだこれらの例からは，医療者自身の障がいに対する考え方や人への向かい方などの違いによって，診療の内容が変わってくることもあるということを知ったように思います。

診断の影響力

　私たちが生きている場所ではこの「診断名」がかなり大きな影響を与えることは確かです。就労支援を研究している友人によると，年金や雇用などの制度的な側面からも診断がなければ適切な支援が得られないといったこともあり，どうしても診断を中心にその個人を考えがちになりますが，基本的には適切な支援によってその人の困難が減少すれば，もはや診断にこだわる必要はないということです。発達障害にかかわる省庁によって強調する視点が異なっているように思いますが，厚生労働省は発達障害を基本的にこうとらえています。

> 　発達障害は，生まれつき脳の発達が通常と違っているために，幼児のうちから症状が現れ，通常の育児ではうまくいかないことがあります。成長するにつれ，自分自身のもつ不得手な部分に気づき，生きにくさを感じることがあるかもしれません。
>
> 　ですが，発達障害はその特性を本人や家族・周囲の人がよく理解し，その人にあったやり方で日常的な暮らしや学校や職場での過ごし方を工夫することが出来れば，持っている本来の力がしっかり生かされるようになります。
>
> 　　　　　　　　　　　（厚生労働省HP「みんなのメンタルヘルス総合サイト」）

　厚生労働省による「発達障害」への理解においては，その個人の特性であり，「病気」といった考え方はしていません。つまり，今は生きる上での困難を抱えながらも，他者からの適切な対応によって育っていくものだと解釈できます。

それなのに，なぜ，発達障害が個人の内部の問題であるかのようにとらえてしまうのでしょうか。その理由は，私たちが生きている場所での発達障害の語られ方にあるのだと思います。発達障害と考えられている障がいは自閉症スペクトラム障害，注意欠如・多動性障害，学習障害，チック障害などに分類・定義され，それらの原因が個人の脳の機能的障害にあると診断基準などに書かれているため，彼らへの情緒的なかかわりがどれほどの意味をもつのかがわからなくなっているのかもしれませんが，彼らが生きる世界においては，私たちのかかわりが大きく影響していることは確かなのです。

さらに，これは，私の実践から得た感覚ですが，いったん発達障害と診断されてしまうと，当事者自身も発達障害の定義を参照するので，どんどんその特性に近づいていっているような気がします。ある人は，「私は発達障害だから，約束を忘れてドタキャンしたり，メールに返事をしなくても気にしないでください」とおっしゃっていましたが，診断されるまでのその人はそうした傾向があったとはいえ，ドタキャンしないように気をつけたり，遅くなってもメールの返信をしていたので，周囲は違和感を覚えたそうです。症状に自分を近づけていく，これも診断の危うさの一つだと思ったりもします。

3　「あなた」という存在は私たちの行為を反映する

「当事者」とは

「当事者研究——伝えたいことを伝えていくために」（山本，2014）という論文に書いたものの中から一部を抜粋して，私が「当事者」をどう考えているのかを紹介します。

「当事者」という言葉は，それを用いる研究者によって多様な使われ方をしています。「当事者」を対象とした質的な研究に対するアプローチには，「当事者」による「当事者研究」と，「当事者ではない誰か（たとえば，障がいがない研究者など）」による「当事者研究」があります。「当事者」による「当事者研究」では，「浦河べてるの家」が有名です。浦河べてるの家では，統合失調症

の人たちが自分たちの内部に生じる意識や行為の経験をお互いに語り合うことによって，仲間とともにそこに意味を見出していく作業を「当事者研究」と位置づけています（浦河べてるの家，2005）。また，綾屋紗月と熊谷晋一郎による，「発達障害」や脳性まひの人たちの生きにくさの具体性や世の中をどう感じているのかを「当事者」自身が言葉にしていく「当事者研究」も注目されてきています（綾屋・熊谷，2008など）。彼らがいう「当事者研究」とは，疾患や障がいの経験についてそれを経験している個人の内側から対象化し，医学が説明してきた疾患や障がいを自分たちの言葉によって問い直す試みといえます（石原，2013）。

　これまでも，ドナ・ウィリアムズ（Williams, D.）（1993）を始めとして，個人が経験している疾患や障がいについて「手記」あるいは「体験談」という形で紹介されてきたものも少なくありません。まさに，ある事柄を経験している「本人」が，内側からの経験を語ることにより，それらの疾患や障がいとともに彼らがどのように生きているのかを知ることができる貴重な文献ですが，池田（2013：132）は，「当事者研究は体験談ではない」と言います。では，「当事者を研究すること」はどうとらえられているのでしょうか。これについて，石原（2013：51）は「当事者研究は，当事者が，自らの体験や困難，問題を，それらを共有する仲間とともに研究する営みであると同時に，それらを共有しない人に対して語りだすという営みでもある」と述べています。つまり，当事者である「あなた」を研究することは，「あなた」が生きている場所から，困難や問題を抱えながら生きている「あなた」の内側からの体験について「語る─語られる」関係ととらえてもよいでしょう。同じ経験をもたない者同士でも，お互いが生きている世界を一緒に眺めようとするならば，そこで語られる「語り」は意味を生み出すと思います。そして，「語る─語られる」という関係の中で，一緒に同じ景色を見ようとする者たちは，「意味のある対話」の中でお互いの世界を拓くことになるでしょう。この意味においては，当事者である「あなた」がみる「あなた」も，当事者である「あなた」ではない誰かがみる「あなた」も，そこで起こっている現象を直接的に体験している人が自らの声

で，その体験を自分の人生の中にもう一度位置づけなおすことを目指していることには変わりないのです。同じ景色を見ようとする視点や態度こそが，「当事者」と呼ばれる「あなた」と出会う私たちにとって大切なことです。「あなた」の外側にいては，「あなた」の内なる声は聴こえてきません。

　私が当事者である「あなた」をどのようにとらえているかといえば，何らかの事象を経験している人であると同時に「あなた」を取り巻く文脈や関係性，状況を含むダイナミックな存在として受けとめています。この本の題名では「あなた」という言葉を用いていますが，「あなた」とは，私の目の前にいる障がいがその人の一部としてある人であり，私たちとの相互関係の中で私たちの行為を反映する個人として現れてきた人を意味します。

　　　表向き"「障がい」者とともに"とあっても，実際は抑えつけられた生活を強いられている。人間らしく生きたいと思っても，実際はヘルパーに合わせて「障がい」者が生きている。ここには，「してあげる人＝『介護者』」「してもらう人＝『障がい』者」という発想が貫かれているわけです。

　これは，脳性まひの当事者である森修さん（2000：90）が支援者とのやり取りの中で当事者の立場について書いたものです。森さんの言葉からは，身体や知的に障がいがある人々の自己決定や意思を支持しようとしても，そこにどうしてもパターナリズムが入り込むことがあることがわかります。「強いられている」と感じるのは，森さんと支援者の間で支援をめぐる行き違いが生じていたからかもしれませんが，こういった行き違いや誤解は支援の現場ではよく生じます。

「叩く」という行為の背景

　現在，私は月に数回ではありますが，複数の知的障害者支援施設でスーパーヴァイザーの仕事をしています。あるときに，職員が「利用者の滝正人さん（仮名　50歳代）に叩かれた。障がいの人の対応はとても難しい」と訴えてきたことがありました。私は他の施設利用者と話をしながらその現場を見ていま

した。たしかに叩いた滝さんの行動はよくないですが，叩かれる直前の職員の対応にもその原因があるのではないかと思うところもありました。

　その出来事はお昼休憩の終わりがけに起こりました。職員が滝さんにお昼からの日中活動に移動してもらおうと促しの声掛けを何度もしていたのですが，滝さんはなかなか椅子から立ち上がろうとしませんでした。少しいらいらしてきた職員は「早く立って行きましょう」と強い口調で手を引っ張ろうとしました。その瞬間に滝さんは職員の手を払いのけ叩いたのです。もし，滝さんが言語的なコミュニケーションに課題がなければ，きっと「もう少し待ってください」とか，「今日は行きたくない」などと伝えたのでしょうが，滝さんにとっては「叩く」という行為でしかその思いを伝えられなかったのかもしれません。私にも滝さんが叩いた本当の理由がわかるとは言えませんが，「叩く」という行為の前に職員とのある種のやりとりがあったことは確かです。そのため，こういう場合には「その前に何かありましたか」と職員に聞くようにしています。「あ，私が早く動いてもらいたいために少し厳しい口調でものを言ったからかもしれない」と言う職員がいれば，「何もありませんでした」と言う職員もいます。しかし，この問いかけが次の支援に繋がればと思うので，現場で何かあったときには，その前のやりとりの中で「自分たちの対応がどのようなものであったか」を意識してもらうようにしています。

　本当に何もないときに突然大声を出したり暴力を振るったりなどの行為がみられることもあり，職員は過去の経験からのフラッシュバックだから本人の問題であると解釈しています。しかし，もし，フラッシュバックだというのであれば，かつて「あなた」の歴史の中にフラッシュバックを起こすような出来事や思いがあったのでしょう。そして，どんな出来事や思いにもどのような形であれ他者の存在があったのだと思います。

「暴れる」という行為の背景

　「AD/HD と診断された子どもたち」（山本，2010b）という論文で紹介した和也君（仮名　中学3年生）の話をします。和也君は小学校6年生のときに，

ある事件をきっかけに教師から「理解できない衝動的な行動が見られるので教育相談に行ってください」と言われ，紹介された医療機関で注意欠如・多動性障害と診断されました。現在，学校には行っていません。和也君は学校のクラスメートからずいぶんと嫌な対応を受けたようです。たとえば，教室にあるストーブで熱したボールペンを体に押し付けられて火傷を負ったり，クラブで花壇に植えた大切な花を抜かれたりしました。しかも，先生からは「お前に問題があるのではないのか」と言われました。そのため，クラスメートが原因でいざこざが起こった場合も自分の言い分は聞いてはもらえないと思っていました。

　そんな中である出来事が起こりました。和也君が昼ごはんに食べようと机の上に置いていたパンにコーヒー牛乳をかけられグチャグチャにされていたのです。それを見たとき，ついに椅子を蹴りまわして，グチャグチャにしたクラスメートに向かって机を投げてしまいました。そして，和也君を抑えようとした先生を蹴ったり噛んだりしたのです。受診に結びついた教師が理解できない衝動的な行動とは，和也君が，教室で暴れたことと，抑えつける先生から逃れようとして腕を噛んだり，蹴ったりしたことでした。先生からみれば和也君の衝動的な攻撃と映った行為も，誰も守ってくれないと感じていた和也君にとっては自分を守るための防衛だったともとれます。

当事者である「あなた」とは私たちを含めた存在

　滝さんも和也君も「当事者」といわれる人々です。滝さんは重度の知的障害，和也君は注意欠如・多動性障害と高機能自閉症と診断されています。彼らは障がいの特性がある人（当事者）でありながら，他者との関係の中で不適応行動を示す人（当事者）として語られることもあります。そのため，現場で語られる「当事者」という言葉は，一見，個人である「あなた」を指し示しているようで，その「あなた」が置かれている状況や関係性をも含んでいる存在を表現しているのだろうと思います。

　「当事者」という言葉は，ある切り取られた場面の中で，ある状況の中で，ある関係性の中で，語られると思います（山本，2012）。そして，これは，「当

事者はそこにかかわる他者（人だけではなく環境を含む）を含有した概念であること」（森岡，2007）という言葉と重なります。つまり，「当事者」という言葉には，個人でありながらその個人にかかわる私たちの行為を反映する存在という意味が必ず含まれているため，この言葉を用いるときには，自分がどのように用いているのかを慎重に意識しておきたいと思っています。

第2章

語られなかった「私たち」のあり方

1 「私たち」はどこにいる

他者を「障がい」に結びつけて語る背景

　ずいぶんと前から「あの人，発達障害ですよね」とか，「あの人，入ってますよね」という言葉を聞くようになってきました。そういう場合には，淡々と「そうなのですか」と答えるようにしていますが，後者の場合には，「何が入ってるのですか」と聞くこともあります。すると，「専門家じゃないのですか」と言われることもあり，そういうときには若干，顔がこわばっていることを意識しながらも，「どういう状況でそう思われましたか」と重ねて聞くようにしています。たいがいは，「その人の行動様式が普通の人と違う」とか，「反応がおかしい」とか言いますが，その具体的な内容を聞くと，「こちらは冗談で言っていることを流せないで真剣に怒ってくるから付き合いにくい」とか，反対に「つねにおどおどしていて挙動がおかしい」などであったりします。そこに何かしらの違和感があるから，「障がい」に結びつけて考えるのでしょうが，それらの行動の背景を深く考えることなく，簡単に「障がいがある」とか，「入っている」と語られることもあるのだと思いました。たとえば，「自分の冗談が度を越えているのではないか」とか，「自分の態度が威圧的でおどおどさせているのではないのか」などと，その人の行動の背景には様々な理由があり，もしかしたら自分にもそれらの行動を引き出す何らかのかかわりがあったかもしれないとはあまり考えないことに驚きました。「どうして怒っているの」とか，「何か気になることがあるの」とは訊かないのかと尋ねれば，「面倒くさ

いから」「喧嘩になったら嫌だから訊かない」と言います。

　自分たちが気になる誰かと対立することを避けず，理解しようとする労力や費やす時間を惜しまなければ，気になる誰かを障がいのカテゴリーに入れて自分を納得させることもないだろうと思いますが，「かかわり合いになりたくない」「こじれたらどうしてくれる」などと語る彼らの話を聴けば，それほど簡単な問題でもないようです。

社会や生活の変化と「発達障害」

　アメリカの臨床家であるネーヴェン（Neven et al., 2002/2006：12）によると，今日では私たちの家庭生活や社会生活は大きな変化を迎え，子どもの成長や発達に対する考え方も変化しているために，「現在の児童・家族精神科医の間では自分が担当する患者が抱える問題を断片化し，細分化する傾向が強まってきている。その結果，子どもの発達歴や人間関係，家庭・社会での経験を無視して，機械的にその子どもの問題を処理しようとする傾向にある」と言います。ネーヴェンによれば，いわゆる，発達に課題を疑われて病院を訪れる子どもの中には，実際に神経系に問題があるために障がいが現れている子もいますが，心理・社会的な問題を抱え，そのために，発達障害と診断される症状を示す子どもも多くいるということです。

　日本では，平成17年4月に「発達障害者支援法」が施行され，平成19年4月には「特別支援教育」が開始されました。そして発達障害児の「早期発見」「早期療育」を目指して，乳幼児健診システムの整備などをはじめとする発達障害児・者に対する「支援」が多くの自治体で取り組まれています。大阪市の報告（大阪市発達障害者支援体制整備委員会，2008）によると，平成18年度の児童相談所における判定総数の35％が発達障害に関するものであり，その中でも，学習障害（LD），注意欠如・多動性障害（ADHD），アスペルガー症候群などの相談件数が急増したそうです。しかし一方で，児童精神科医である石川（2005）は，何でこの子が障がいを疑われているのか理解できないような子どもが続々と受診してくる状況があるといいます。

子どもの発達に対する私たちの考え方を問い直すこともなく，子どもが生きている背景，そして子どもたちが置かれている状況や関係性がどのようなものであるのかを見ることもなく，何か起これば，子どもの障がいにその原因があるからと納得してしまうのでしょうが，それでは，ますます子どもたちを生きにくくさせてしまいます。

　どんな問題も子ども一人で起こせるはずはありません。私たちが問題ととらえるものには，必ず私たちの存在が含まれているものです。

2　私たちは「あなた」の世界への関与者である

　人と人がかかわり合うとき，その関係性に私たち自身がもつ常識や価値観が必ず入り込んでいると思います。そして，とくに，まだ成人しない子どもと親の関係や，教員と生徒，援助を必要とする人と援助者などの関係において，意識されないままにその時点でより力がある方の常識や価値観がその場を動かすことが多いと思います。そして，私たちが「あなた」を動かし，強く関与しているのに，動かされ，関与されている「あなた」の行為だけが評価の対象となるのはなぜでしょうか。

福祉施設でのいざこざ
　たとえば，施設を利用している人たちと職員の例をあげると，利用者の中には言語的なコミュニケーションに困難がある場合があり，スタッフや職員が，彼らの思いを汲み取って，解釈して，彼らへの支援を組み立てることがあります。この支援の組み立てにおいて，職員の常識や価値観が大きく影響してきます。
　スタッフや職員に話を聴くと，基本的には「利用者にとって有益な支援をしたい」という思いをもっていますが，実際の支援の中心に置いているものは個人によって少し異なっています。たとえば，入所型の施設の場合では，「健康や体調管理」「安全」を支援の中心に置いている人は，利用者の生活や服薬リ

ズムに気を配ります。その結果，利用者がゆっくりと生活できなかったりすることも起こります。朝は何時までに〇〇を終えて，昼食後は〇〇の活動をして，夕食後には〇〇，そして何時に就寝する…というスケジュールを守ろうとするために，動こうとしない利用者に「早く次の作業に行ってください。時間ですよ」と大きな声をあげることにもなります。そして，利用者との関係は崩れていくのですが，本人は「なぜ，私の顔を見るとあの人は不安定になるのだろう」「なぜ，叩こうとするのだろうか」とその理由がわかりません。そして，報告書には，「あの人は最近，状態が不安定なので見守りを十分に」などと書きます。職員が利用者にとって最善の支援をしているという意識が強い場合は，利用者の不安定さの原因に自分の支援が関与しているとはなかなか思えません。施設の風通しがよい場合には，同僚から，その意識ができていない部分を指摘してもらうことによって，自分の支援が利用者の不安定さに繋がっていたことがわかりますが，誰からも指摘されない場合には，不安定さが関係の中で生じているとは思わず利用者個人のものだと判断するのではないでしょうか。

　障がいがあって，自分の思いを口に出すことが難しい人との間に何かの対立やいざこざがあった場合，「彼の障がい特性がそうさせるのだ」「生まれ育った環境のせいで」などと外側から理論的に説明することがよくありますが，それらの自分の関与を横に置いた解釈が，彼らの「今」をどう支援したらよいかにつながらず，反対に彼らの人生に制限や条件を設けてしまうことになってしまいます。支援者自身がどのような思いや考え方，常識や価値観をもっており，それらが利用者を支援するときにどのような形で入り込むのかを意識しておくことが大切だと思います。以下に挙げるのは，職員に対するインタビューの中で語られた言葉ですが，多くの職員を代表する言葉かもしれません。

　　自分の考えの違いで，担当する人の行く末が変わってくるとか，そういうこともあるのだという意識はあります。ただ，何が利用者視点なのかわからなくなってきて，結局のところ，職員が「こうした方がこの人のためになる」と思って対応していることが，「利用者視点」だと思っていると

ころもある。操作ってことはないけれども誘導はしている。自分の意識や観念みたいなもので利用者を動かしている面もないことはないから、どっちが主体かわからないですよね、結局。親が子どもの将来を考えて指導したり、教育したりするのと似ているような。ただ、利用者の場合はコミュニケーション自体が難しいから、職員の考えが嫌だな、おかしいなと思ってもそれに反論するすべがないし、それに甘えている部分があって、「職員の言うことを聞いていたら間違いない」と思っていないといえば嘘になります。

　この職員の言うように、利用者が反論するすべをもっていないわけではありません。嫌だな、おかしいなと思えば、暴れたり、不安定な状態になることもあります。自傷行為が起きる場合もあります。言葉でスムーズに表現できないから、身体でその感情を表わすことが多いと思います。ただ、暴れたり、不安定になったり、自傷行為が起きると、その人の内部にその問題があるように解釈する傾向があるように思います。薬物治療が選択肢の中に加えられる場合もあり、自分たちとの関係の中で暴れたり不安定になったりしているとはあまり考えません。職員は精一杯支援をしているので、まさか自分がその原因の一つになっているとは気づかないのだと思います。

　言葉に困難がある障がいの人の場合は、ずっと他者からの解釈の世界にいることになります。そうであるからこそ、私たちの偏りのない解釈が必要とされます。そもそも偏りのない解釈が存在するのかどうかわかりませんが、少なくとも、解釈には多かれ少なかれ偏りが生じることを意識し、同僚をはじめとして少しでも多くの人とそれをすり合わせる努力は必要だと思います。障がいがある人たちへの支援においては、職員の役割意識や専門性が支援に深く入り込み、支援に錯誤を生じさせている可能性があります（山本，2012，2015b）。こういった気づかない「私」に気づくためには、カンファレンスや事例検討会などを通して、複数の視点から見なければ見えないものがあるということを知ることが大事なのだろうと思います。

母親と受験生との間に生じたいざこざ

　こうした構造は施設の中だけに生じるわけではありません。親や教師も同じように，子どもに「よかれ」と思う対応をする中で，いざこざや対立が起きた経験があると思います。数年前，私は発達に障がいがある子どもがなぜ，学校や家庭で不適応を起こすのかについて調査をしていました。同時に，彼らの不適応行動が，障がいの特性によるものなのか，あるいは環境や身体的な成長期の特徴によるものなのかなどを知るために，障がいがない同時期の子どもたちの調査も行っていました。結論から言えば，発達に障がいがある子どももない子どもも，何かに追い詰められたり，ネガティヴな状況や関係性の中に置かれたりした場合には，程度には少し違いが見られましたが，同じような行動を示すことがわかりました。

　ある受験を控えた親子のいざこざの例を紹介します。子どもに障がいはありません。

　　お母さん：子どもから殴りかかられました。
　　私：いきなりですか。
　　お母さん：この間，「勉強しなさい」ってことで喧嘩になって無視されたので，ゲームを切ってやったんです。それから，ゲームの前から引きずり倒して怒ってやろうとしたら，反撃をくらったんです。
　　私：反撃ですか。
　　お子さん：勉強しなくてはいけないことは十分わかっているから，きりのいいところでやめようとしていたのに。いきなり，セーブもしていないのに，ゲームを切られたら，壊れるじゃないですか。何をするねんて。

　お母さんは「子どもから殴りかかられた」と言いました。この言葉だけですと，家庭内暴力と受け取られることもありますが，お子さんからも話を聴くと，殴る前にお母さんがゲーム機をいきなり切ったという出来事があったのです。お母さんに殴りかかることはよくないですが，2人の間のどのような出来事をきっかけにしてその行為に起こったのかを聴けば，善悪はともかくとしても，

その行為が理解可能なものにはなります。

3 語りをリードする聴き手の「私」

　聴き手が語り手の物語の方向性を引っ張り，語り手の語りがいつのまにか聴き手の物語になっていることがあります。非常に極端な例ですが，聴き手のあり方が語り手との対話にどのように影響するのかを体験してもらうために，大学の教育相談の授業で用いている事例を示します（向後・山本，2014：119）。

Aさん（相談者）とBさんの対話
　A：14歳になる子ども（男）が反抗的で困ってしまうのです。ちっとも言うことを聞かなくて。
　B：それはしんどいことですね。どういうときに反抗されるのですか？
　A：たとえば，自転車通学なんで，雨の日にかっぱを着ていきなさいっていうのに，「そんなもんいるか」って。「かっこ悪い」とか言って，そのかっぱを私に投げつけたりするんですよ。
　B：かっぱをよっぽど着たくなかったんですね。でも投げつけるのはちょっとね。
　A：まあ…，でも，私がしつこく押し付けたのを払ったっていう感じでもあるんですが。
　B：そうですか。押し付けられたのを払ったのが，お母さんにとっては「投げつけられたように感じた」のですね。たぶん，他の子どもに見られたりすると恥ずかしかったのもあるんでしょうね。でも，それも子どもの成長のしるしという側面があるかもしれませんね。いまの時期はどこもそんな感じの話を聞きますね。もうしばらく様子をご覧になったらいかがでしょうか。
　A：そうですね。私もそんなときがあったように思います。時期なのかもしれませんね。少し気が楽になりました。

第Ⅰ部　ナラティヴを聴くことの意味

Aさん（相談者）とCさんの対話

　　A：14歳になる子どもが反抗的で困ってしまうのです。ちっとも言うことを聞かなくて。
　　C：たとえば，どんな反抗の仕方をするんですか。
　　A：自分の気に入らないことがあったら，はじめは口だけだったのに，ものを投げつけたりするようになってきています。
　　C：親に暴力的な反抗が始まっているんですね。将来，大きな暴力につながっていかないとも限りませんし，学校や社会で何か問題を起こさなければよいのですが。
　　A：そうなる可能性はあるんでしょうか？
　　C：いまの子どもは衝動性が強くて，すぐに切れてしまうところがありますからね，いまのうちに対処しておかないと大変なことになる場合が多いと聞いています。
　　A：あら，どうしましょう。どこか相談機関をご存じありませんか。

　実際にはこれほど顕著な違いを生じさせる対話はないかもしれませんが，聴き手側の思春期の子どもに対する考え方や，大事にしている価値観や規範などの違いによって，かなり異なる対話を生じさせることはあります。しかし，これが，Bさん，もしくはCさんによって「Aさんの思い」として他者に説明されるようなことがあった場合，BさんとCさんのあり方がそこに含まれない限り，受け取る側はそれぞれに違うAさんのイメージを構成してしまうでしょう。これでは，Aさんの語りを聴いたことにはなりません。たとえばAさんとの対話の聴き手であるBさんが，紆余曲折もありながら子どもを育て終わった母親であることとか，比較的のんびりした性格であることなどが記述に含まれると，それを読む第三者からも理解可能なものとなりやすいでしょう。同様に，Cさんがどのような状況に置かれていて，どのような性質をもっていて，どのように思春期の子どもをとらえているかといった背景がAさんとの対話にどう関与していったのかについて記述されると，AさんとBさん，AさんとCさんの対

話の質の違いがより理解しやすいものになります。

　このことは、「語り手によって物語の意味が構成されるときその意味の構成には『聴き手』という他者の働きが組み込まれている」(森岡, 2008：229) という言葉からも説明できます。そのため、他者の語りの意味をともに紡いでいく聴き手である「私」が、どのような場所から他者の語りを聴いているのかを意識しておくことが大切です。さらに、聴き手の違いによって、対話の内容が異なることを知っていれば、自分が参加した対話の中で自分自身が大切にしているものや価値を置いているものが現れてくるのに気づくことができるのだと思います。

4　語りの解釈に関与する「私」

　これは他者の語りを聴き解釈するときも同じです。同じ語りを聴いても、立場や考え方の違いによって、解釈が異なります。「語り（ナラティヴ）」研究の中には、複数の語り手が各々に多様な視点から多様な物語を構成する「羅生門的現実」という言葉があります（高井, 2009）。これは「語り手」によって、体験される現実、解釈される現実が異なって語られることを表した言葉ですが、聴き手もまた語り手によって語られた現実を多様な視点から異なって解釈するのは同じだと思います。得られた膨大な語りデータの中からどのような「語り」を切り取り、どのように意味付け解釈するのかには、研究者自身の関心や現実世界への向かい方、価値観などがはっきりと現れてくるものです。語られたものは最終的に聴き手のフィルターを通して一つの物語として形成されていくのです。

不登校の背景への解釈

　ここで一つ、ある不登校の男児の語りを聴いた私と彼の母親の解釈の違いについて書いたものを紹介します（山本, 2013）。

　当時、調査に協力してくれていた発達障害がある児童の兄が不登校気味とい

うことで母親から依頼され，200X年Y月から200X＋1年Z月まで，約15回の面接を行いました。美雄君（仮名）は当時中学校2年生でした。まず，私は彼が小学校時代からどのように学校生活を送ってきたのかについて話を聴きました。その中で，「わりかし楽しくやってきたと思う。でも…，今もそうやけど，昔もいろんなことがあって，…けど，それは自分で乗り越えてきた」と語りました。お母さんによると，彼は小さいころからおとなしい性格で，弟に障がいがあるために両親が多くの時間を弟に費やすことに対して文句を言うこともなかったそうです。そのため，現在に至るまでこれといった問題もなく学校生活を送っていたと思っていたといいます。しかし，本人の話によると，小学校時代には他の児童と同じようにこまごまとした嫌な経験もあり，母親に相談したいと思ったこともあったそうですが，家に帰り疲労困憊している母親を見るたびに，自分の悩みごとを話すことが憚られ，結局自分自身で解決してきたと言いました。

場面1　彼が語った母親との関係

　　母親：…ちっともそんなこと言わへんからわからんやんか。言うたらよかったのに。
　　美雄君：いや，別に。気にしてないし。ちょっと言うただけやから。
　　私：自分で解決してきたんやね。つらいときもあったやろうけど，乗り越えてきたんや。
　　美雄君：はい。今から思うと，「別に」という感じです。
　　母親：それやったらいいけど…。なんか，水臭いような気がして，なんで言ってくれへんかったんかて。弟とあんたは別やんか。2人とも子どもなんやし。あんたがしんどいときにはお母さん，力になってたよ。…今，学校に行かへんのは…そういうこと？
　　美雄君：関係ない。
　　私：(母親に)「そういうこと」とは，お母さんはどう思われたのでしょうか。

母親：いや，弟にばっかりかまってた私が（不登校の）原因かって．
美雄君：だから，それは関係ないって言ってるだろう．
私：（不登校には）いろんなことがいっぱいあってのことだろうから，お母さんだけが原因ってことでは…ないような気もします…よね．
母親：でも，私にはそう聴こえる．
私：どうして，そう聴こえるんでしょうか．
母親：障がいの親の会で，ずっと言われてきた．兄弟が寂しい思いするから，余計にかまってやらんとあかんで．なのに，どうしても，弟に手がかかるから，お兄ちゃんをほったらかして，こうなったって．だから，私がもっとかまってやってたら，同じようにかまって，話ももっと聴いてやってたら，こんなことにはならんかったんかなあて．今さら，なんぼ後悔してもどうにもならんことやけど，本当にこの子に申し訳ない思いがする．
美雄君：…
私：お母さんも精いっぱいやってこられたんやから．彼もかえって辛いかも．今は，「なんで学校に行かないのか」の具体的な理由を聴かせてもらってそれをどうやったら「学校に行けるようになるか」に向かう方法を考えていきませんか．
母親：でも，根本にそれがあるんやったら，どうしようもないような気がするんですけど．

　障がい児の兄弟がいる子どもに「不適応行動」「不適応症状」がでる頻度が高いと指摘する研究は少なくありません（広川，2003など）．美雄君の母親が言うように，親が障がいをもつ子どもの養育に時間や労力を取られ，兄弟は「親は自分をかまってくれない」「私も／僕も同じ子どもなのに」などの不安や不満をもつこともあります．
　美雄君がどのような思いを抱えて育ってきたのかについての詳細はわかりませんが，少なからず，先行研究で言われているような思いを抱えながら育ってきたかもしれません．しかし，「障がい児の兄弟としての育ちが今の不登校と

いう現象につながっている」と母親が解釈していることを深く受け止めながらも，私はそこに少し違和感を覚えました。

場面2　不登校の理由について

私：いつごろから（学校に）行けなくなったの？

美雄君：中2になってからしばらくして。

私：何か，理由があった？

美雄君：しつこくからんでくるグループがあって，こっちも最初は笑って相手してるんやけど，だんだん嫌になってきて。「やめろや」ていうのも相手が喜ぶんじゃないかと思うとなんか…，プライドとかあって言えないし，だんだん疲れてきた。

母親：前に言ってた子ら？　弟のことで，なんか言われるん？

美雄君：いいや。小学校のときにはからかわれたことがあったけど，今は普通のこと。ただ，相手は複数やし，同じクラスにおって無視するわけにはいかんわな。そいつらに会うのがうっとうしいっていうか，もう相手にするんも嫌で。

私：じゃあ，その子らがいるから学校には行きたくないと。

母親：○○君（弟）のこと，言われてるわけじゃないねんな。そしたら，そんなん，無視するとかで乗り越えたらいいんとちゃうの？　勉強遅れて自分が損するいうのがわからんかな。

私：それはちょっと難しいよね。わかってるんだけれど，気持ち的には学校に足が向きにくいと。

美雄君：そんなに悪い奴らじゃないとは思うんやけど，僕は人が嫌いやから。かまわれるとうっとうしい。

私：そうね。あんまり，かまわれるとうっとうしいよね。

美雄君：うっとうしい。僕は今，そういう感じじゃないときに，しつこくこられるのがめんどくさい。

母親：そんなん，無視しといたらいいねん。無視できる歳やろ？　そした

第2章 語られなかった「私たち」のあり方

ら，相手にせんようになるよ。
美雄君：…無視できるんやったらしてるけど。できひんことは世の中にはたくさんあるやろ。クラスにおるんやから。
私：そうね，クラスで過ごす時間，長いもんね。なかなかずっと無視してはいけないよね。かえって自分が居にくくなるものね。
美雄君：それに，そいつら，いじめようとかそんなんじゃないのもわかるし。たんにからみたいだけ。
私：あ…，そこに悪意を感じないのね？ 仲間って思ってるのかしら。
美雄君：思ってるんちゃうかな…。でもうっとうしい。
私：困ったね。どうしよう？
美雄君：学校，行かんかったら解決する。

　彼が語った学校に行けない直接的な理由は，しつこくからんでくるグループの存在でした。このグループは彼をいじめようとか，無視しようとかする性質のものではなかったそうですが，とにかく「しつこくからんでくるのが嫌だ」というものでした。この件に関しても，母親は「僕は人が嫌いやから」という彼の発言を非常に気にして，「弟に障がいがあることで，人嫌いにしたのかもしれませんね」と後に語り，その母親の思いが次の対話に繋がっていきました。

場面3　人が嫌いな理由

私：人があんまり好きじゃないの？
美雄君：好きじゃないっていうか，嫌い。怖い。
私：怖い，なんでだろう。
美雄君：…
母親：やっぱり，小さいころから○○君（弟）のことで人からいろいろ言われたり，じろじろ見られたりしたからやと思いますね。私もいまだに人の目が気になりますから。それがトラウマになってるんじゃないかと思います。この間，ネットで一緒にいろんな精神の症状見てたら，社会不安障害と似てるなあて。で，お話お願いしたんです。

私：なるほど…社会不安障害。自分でもそんな感じ？
美雄君：症状は僕と似てる。
私：…そう。
美雄君：まあ，マイペースなんで。人と合わせるのは得意じゃないいうのはある。
母親：なんか，やっぱり，いままでの積み重ねっていうのがあるんでしょうね。しばらく，家でゆっくりさせてやりたい思いもしてきました。弟のことでは苦労をかけてるのはわかってるから，ここは私が（将来のことが）不安ではあるけど，ゆっくりしなさいって言ってやらなくちゃいけないのもわかるから。
美雄君：…
私：弟さんに障がいがあるってこと，そのことでお母さん，ずいぶん気にされているけど，今の美雄君はやっぱり，そういうことが気にかかっているのかしら。
美雄君：それは今は「別に」かな。ゆっくりご飯食べれんかったりとか，テレビがゆっくり見れんかったりとか，めんどくさいこともいっぱいあって，喧嘩もするけど弟は弟やし。面白いところもあるし。弟は弟やから。
私：あ，可愛い？
美雄君：嫌いじゃない。
母親：この子はいつも弟に優しくて，私はいつもこの子に「ありがとう」「ごめんな」って言ってるんです。ずいぶんと我慢してることはあるだろうに，それを口には出さないで優しい子で，だから今になっていろいろ出てきてるんだろうと。もう，我慢せんでよいんやで。自分がしんどいときにはしんどいって言うてよいんやで。
美雄君：だから，それは「別に」て言うてるやろ！

　ここで，彼が若干，語気を荒げ，母親の言うことを否定していることが気にかかりました。私は，この対話の中で，弟に障がいがあるということよりも，

この母親の物語が美雄君に精神的な負担をかけているのだと感じていました。実際に，この時点で，私が受け取っていた「語り（ナラティヴ）の意味」はすでに，彼の「不登校」ではなく，「母親の傷つき」や「自責の念の強さ」に移っていたのです。

　次の場面は，美雄君との話のあとで，私と母親だけで話したときのものです。

場面4　母親と私の解釈

　母親：やっぱり，弟のことが影響してるんですね。

　私：そうですか？

　母親：本人は優しい子やから，はっきりとは口に出しては言わないけど，私のせいだと思います。

　私：でも，本人はクラスメートとのかかわり方に悩みがあるっておっしゃっていたんでは。

　母親：それは，その悩みを解決できない根底にはいままで我慢してきて，私がかまってやらなかったことに対する抵抗なんだと思いました。

　私：寂しかったっていうのは，なかったとは言えないでしょうが，お話を聴いていると，ずいぶんと楽しい家庭をつくってらして，いろんな楽しい思い出もあったみたいですし，そればっかりではないような。もっと，今に焦点をあてて，彼が困っていることを具体的に一つひとつ解決していったらいかがでしょう。

　母親：困っているのはたしかにクラスの子のことかもしれませんけど，その背景には，やっぱり弟のことで傷ついていて，これはずっと一生，あの子が抱えていかなくちゃいけない苦しみでしょう？　一生ですよ。…私はどうしたらよいのか，今になって，こんなことになって，もっと早くに言ってくれたら…。

　私：何を…言ってくれたらと？

　母親：僕も寂しいんや。僕もかまってほしかった。本当は弟が嫌いなんや。て。

私：弟さんのことを嫌いじゃないっておっしゃってましたよ。

母親：我慢してるんだと思うんです，今も。

私：お母さんは彼がそう思っていると考えていらっしゃるんでしょうが，彼自身はそうはおっしゃっていませんでしたよ。

母親：私にはわかるんです，母親ですから。ずっとあの子たちを育ててきて，やっぱりそう思われても仕方ないことしてきたなって。でも，障がいのある子ができて，手がかかることがいっぱいで。どうしようもなかったです。

私：お母さんは頑張ってこられたし，彼はそのことをよくわかっていると思いますよ。お母さんがあんまり，そうおっしゃると，かえって辛いかもですよ。少し，問題を切り離して考えてみませんか。

母親：長い間かけて心にわだかまってきたことって，それがきっとその子の将来を決めていくんだと思いますから，切り離して考えてよいんでしょうか。

私：お母さんはそのときどきで一生懸命頑張ってこられたんですから，自信をもって，今の彼を励ましたり，叱ったりしながら今まで通り育てていかれたらよいように私には思われますから，今は，具体的に今のことを一つずつやっつけていきましょう。しつこい子たちにどう「嫌だ」と言えるようになるかとか。

母親：…

　この対話をお読みになって，読者の皆様はどのように解釈をされたでしょうか。お母さんは，美雄君の「不登校」の理由を，「弟に障がいがあるから，今まで我慢をしてきた末の抵抗」「私がかまってやらなかったから」ととらえていました。

　ここで取り上げた対話の中でも，私は「今」に焦点をあて具体的に考えましょうと母親に言いながらも，母親の問題と彼の問題を切り離して考えることが彼のためになると言及しています。美雄君の不登校の原因の根っこに母親の彼

に対する自責の念の強さがあると思っていたからではないかと思います。

　ここで，ある第三者からの解釈を得ることができました。彼女は対人援助にかかわる仕事をしていますが，子どもはいません。彼女から言われたことは，本来は，彼の問題と母親の問題を切り離して面接をすべきであったのに，それをしなかったために，彼の問題が脇に追いやられているように感じるということでした。そう指摘されてはじめて，対話の主題が彼の不登校から，母親の課題に移ってしまっていたように思いました。

　面接の構造上，切り離して面接を行うことが難しかったので，最後まで2つの課題が混在したままで面接を終了しましたが，幸いなことに，彼はしばらくして登校を始めました。

　ここであげたように，第三者である彼女の解釈という外側からの視点がなければ，私が彼自身の「今」ではなく「母親の語り（ナラティヴ）」を重く取り上げたことに気づかなかったと思います。子どもの「不登校」の理由は複合的であると理論的に理解している私が，彼の不登校の原因を「母親」に焦点化し意味をひろいあげていることに気づけませんでした。それには，やはり当時の私がまだまだ子育て中の母親という役割に強く縛られており，その役割意識が私自身の解釈の枠組みに大きく影響していたのではないかと思います。

第 3 章

「あなた」の内側から立ち上がる「理論（説明モデル）」を聴く

1 「あなた」の語りが私たちの認識を変える

　「外から人を眺めただけでは人はわからない。相手の世界に入ってそばに立ち，一緒に眺めてみることが当事者の視点に立つことだ。…（中略）…その人を生活の場の文脈から切り離さず，当事者はその生活世界をどのように生きようとしているかに注意を向けるのが基本であろう。」（森岡，2007：188）

認知症の人の語りから理解する症状

　先日，偶然 NHK 認知症キャンペーンの番組で放映されていた「私が伝えたいこと～認知症の人からのメッセージ1」という番組を観ました（2015年12月）。その番組では，認知症と診断された人々が，自分が患っている疾患は今まで医学的な見地から説明されていた様相とかなり違っていると語っていました。たとえば，認知症と診断されたある男性が，日々無口になっていったという話がありました。山登りが趣味だった男性を誘い出しても，何も言わずに黙々と山を登るだけで，「楽しんでいないなあ」と友人たちは思ったそうです。「認知症にかかるとはこういうことなのか」と男性の奥さんも友達も半ば諦めていたときに，「なぜ，無口になったのか」の理由が男性から語られたのです。男性は認知症により記憶障害があったそうです。さっき話していた内容を忘れてしまうため，周囲から「さっきも言ったよ」「何度も同じことを言うね」と言われるたびに，周囲に申し訳ない思いを覚えると同時に，「そうだったね」と覚えていないことをごまかさなくてはならないことが辛かったそうです。そ

して，だんだんとしゃべらなくなっていったと言います。それを聴いた奥さんや友人は，「また同じことを言ったねと笑い合えばいいじゃないか」と言ったそうです。その言葉を聴いて，男性は今まで通り友人たちとの付き合いや山登りを楽しめるようになったと言います。男性の語りから学んだことは，記憶障害は認知症の中核的な障がいなので話したことを忘れてしまうのは仕方がないのですが，無口になるのはその人を取り巻く関係性によって生じる周辺的な症状だということでした。また，その番組に出ていた認知症の人々から，「診断を受けたときに医師からは絶望的な話しか聞かなかったけれど，実際はすべての人が同じ症状を呈するのではなく，そこに普通の人としての生活がある」と語られていたのが印象的でした。

　精神科医である小澤（2003：72）は「認知症」という疾患について，従来の精神医学の量的な研究，あるいは認知症老人をどうケアするかについての統計的な研究が重ねられている中で，「認知症」を病む個人にその体験を聴きとり，その疾患がある人がこの世界をどう見ているのか，彼らはどのような世界を生きているのかを理解し彼らに寄り添おうとする視点が失われてはいないかと言います。つまり，「認知症」に対する医学的・科学的研究は進んだものの，認知症を病む人が語る「認知症の世界」を聴きとる態度が抜け落ちていた，そのため，彼らに対する適切なケアが得にくかったのではないかと指摘しているのですが，私が観たドキュメンタリーの中で語られていた当事者の思いはその小澤の指摘と深く重なっているように思いました。

一般的な理論が説明するもの

　冒頭であげた「認知症」の話の中では，医学が説明する一般的なイメージと，実際に診断された人々の体験から説明された「認知症」との間にかなりの齟齬が生じていることがわかりました。これは，認知症にかぎらず，あらゆる疾患や障がいにおいて同じことがいえると思います。なぜならば，医学的な説明は，その疾患の一般性を数値化して説明しているだけにとどまるからです。

　たとえば，「発達障害」という言葉を聞いてどのようなイメージをもたれる

でしょうか。「Aさんは発達障害である」という言葉を聞くと，Aさんよりも「発達障害」の定義を参考にしてAさんを解釈しようとするのではないでしょうか。「発達障害」はたしかにAさんが診断された障がいではあるのですが，Aさんのすべてをつくり上げているものではありません。Aさんのもともとの性格であったり，家族や友人関係，Aさんが生きている世界の秩序や価値観など，多くの心理的・社会的な要素が絡み合って，Aさんをつくり上げていることを認識の上では理解していると思います。しかし，いったん，Aさんが「障がい」と診断されると，それらのことが横に置かれて，「ああいうふうに振る舞うのはAさんに障がいがあるから仕方がない」とか，「障がいのあるAさんには〇〇といったかかわりが必要なのだなあ」などと，Aさん自身の人格を超えたところでの理解が優先されがちなのはなぜでしょうか。私はつねにこの点を不思議に思っています。

　発達障害の場合は，彼らの中核的な困難が，心理的・社会的な影響を受けて周辺症状を示します。そして，この周辺症状が私たちと生きる場所で行動として現れるので，障がい＝周辺症状と受け取られがちになるかとも思いますが，それは少し違っていて，Aさんの受けている心理・社会的な影響がどのようなものであるのかについて知り，そこからAさんの行為を解釈しなければ，Aさんを理解したことにはなりません。障がいがある人や何らかの疾患を抱えている人の生活の場から語られる「声」に耳を傾けることが，私たちに今求められていることだと思います。

患うことの背景にある意味を聴く

　近代医学が，検査によって数値化された疾患を「どう治療するか」を優先したことによる反省から，「ナラティヴ」を医療の基盤においた医療人類学者であるクラインマンについて話します。

　クラインマン（Kleinman, 1988/1996）は，病いの経験を聴き取ることで，生物医学的なモデルだけでは理解できない患者個人の内部にある患うことの「意味」を理解しようとしました。彼は「病いの体験」を聴き取ることを，

「聴く-話す」という相互行為の中でその人特有の「病いの意味」が様々なコンテクストの上で関連づけられ，作り出されていく社会的実践であると考えました。また，『傷ついた物語』の著者として有名なフランク (Frank, 1995/2002) も，病いについて語られる物語の中には，病いの語りでありながら，その個人が生活をしている社会や生活のあり方が現れていると言います。そして，個人の「語り」は，つねに一つの物語を表すわけではなく，聴く人との関係性や相互行為の中で，まったく違う物語になることがあります。つまり，その語りがフランクがいう「回復の語り」になるのか，「混沌としての物語」になるのか，あるいは「探求の語り」になるのかは，語りの聴き手である私たちのあり方によるのです。

　クラインマンは，「疾患」と「病い」は基本的に異なった意味をもつものであると説明しています。「疾患」は，治療者の視点からみた事柄であり，生物医学的な構造や機能における一つの変化としてのみ再構成され，「治療されるもの」としてとらえられています。しかし，「病い」は，その疾患を抱えている人の痛みや，その他の特定の症状や，患うことの経験であり，身体的な過程をモニターし続けながら生きるという「個人的な経験」なのです (Kleinman, 1988/1996：4)。そして，この「病いの経験」は，疾患がある「私」が，疾患を抱えながら生きていく上で出会う人々との関係性や置かれている文脈，そして，私たちの中に根付いている価値観や秩序などと相互に深く影響し合いながら形成される経験です。星野 (2006：76) によると，人々によって語られる「病いの経験」の中には，病気それ自体がもたらす身体的苦痛や不自由さだけではなく，病いを抱えるために日々の生活に不自由さを覚えること，自分の役割を果たせない辛さ，あるいは経済的困窮，人生全般への不安など，様々な辛さの入り混じった経験が含まれているということです。病いにかかった人が苦しむのは，たんに何かの疾患を抱えてしまったということではなく，疾患を抱えることによって影響を受ける日々の生活においてなのだと思います。人を診断名では理解できないはずなのですが，私たちはその診断名を頼りにしてその人を理解しようとするのはなぜなのでしょうか。

第3章　「あなた」の内側から立ち上がる「理論（説明モデル）」を聴く

　哲学者である中村雄二郎（1992）は，人を数値化し，一般化している近代科学がなぜこれほどに人々に信頼され，説得力をもったのかという問いに対して，〈普遍性〉〈論理性〉〈客観性〉の3点がその理由になるのではないかと言っています。

　　「人が生きる現実」とは，このような近代科学によって捉えられるものだけに限られるのではなく，むしろ，近代科学によって捉えられた現実とは，機械論的，力動的に選びとられ整えられたものに過ぎず，このような原理をそなえた理論によっては「具体的な現実」は捉えられない（中村，1992：6-7）。

　私たちはこうした近代科学の〈普遍性〉〈論理性〉〈客観性〉という原理にこだわることによって，人が生きる世界の中に現れる大切なものを見落としてしまっているような気がします。

近代科学の課題

　医師である熊倉ら（熊倉・矢野，2005）も，同じように近代科学のもつ課題について触れています。熊倉らは，ポリオ（脊髄性小児まひ）もしくは脊髄損傷により歩行障害を示す人々にインタビュー調査を行い，彼らが障がいをどのように受け止め，対処してきたか，あるいは，どのような点において不自由さを感じているのかを明らかにしてきました。ここから少し熊倉らが行った調査を通して，「当事者の語りを聴くことの重要性」についてお話したいと思います。

　最初（1999年1月）は，疾患を抱える彼らに対して郵送法による質問紙調査（「障害基礎調査」）を行ったそうです。しかし，この単純に数量化する質問紙調査では見落とすことが多いのではないかと判断し，経時的視覚アナログ尺度（自分の障がいを時間的経過によって主観的に評定する）を導入したそうです。次に，「社会参加調査」（1999年12月）を質問紙によって行いましたが，熊倉らがもっとも関心をもった「障がいのある人たちが実際にどのような問題を感じ

ており，どのように対処しているのか」を理解するにはこうした尺度を用いた質問紙調査でも限界があったといいます。さらに，調査に参加した研究者たち全員が，「直接，彼らの声を聞かなければならない」と感じ始めていたといいます。そのため，最後の調査は「ロング・インタビュー法による質的研究」を用いて，専門家と当事者の共同作業としての面接調査を開始したということです。

　なぜ，熊倉らは質問紙調査には限界があると感じたのでしょうか。質問紙には質問紙としての利点があります。多数の項目を質問紙に含めることによって，人の意識や状態を広くとらえることができます。また，多人数に同時に実施することによって，比較的短時間で結果を得ることを可能にします。しかし，回答者は研究者によってあらかじめ設定された質問項目や選択肢の枠組みに合わせてでしか回答できません。つまり，質問紙調査では，質問紙にあげた項目からの情報しか得られないということになるのです（熊倉・矢野，2005）。そして，この項目を選択する時点ですでに研究者のバイアスが入りこんでいるものです。量的な研究が恣意的ではないと言い切れない理由にこの項目を選択する作業があると思います。研究者が聞きたいこと，関心があることだけが項目に選ばれるからです。さらに，河邉も，いくら無記名にしたとしても，アンケート調査に答えるときに，無意識に理想的な回答をする傾向がみられるため調査対象者の本音を引き出す質問項目を設定することが難しく，期待する結果を得られないことがあるのではないかと指摘しています（河邉，2001）。

　一方，面接法にも弱点がないことはありません。まず，調査状況を完全に同じ状態に設定することはできません。また，面接は通常個別に行われるために時間や費用がかかります。分析にあたっても分析者の主観が入り込むことなどが問題として考えられます。つまり恣意的だということです。しかし，熊谷らは，尋ねようとする事象に関して面接の中でこちらが予想しない情報が得られることもあるといいます。とくに「障がい」という領域においては，直接顔を合わせて言葉を交わしあう面接調査でなければ面接協力者の思いを受け取ることは難しいと考えられてもいます（熊倉・矢野，2005）。

同様に，蘭由岐子も，ハンセン病者に対する研究において，蘭が知りたかった「ハンセン病」を患うことになった人生や生活における病者の「考え，思い，感情」は質問紙調査による標準化された分類枠ではけっしてとらえられないものであり，療養所内の社会的属性による分類とそのような標準化されたカテゴリーの相互関係を分析しても，実際にフィールドで聞く人々の発話や行為の意味は確定できないと言っています（蘭，2004）。私自身もかつて，発達障害児の親を対象として，質問紙調査と面接調査を並行して実施したことがありますが，質問紙調査では得られなかった一人ひとり異なったより詳細な情報などを面接調査から受け取ることができました（山本，2003）。

語られる社会的現実

　聴き手が語り手の物語を解釈するときと同じように，語る人も自分の内部にある枠組みや知識，経験をもとに，自分が生きている世界を表そうとします。そのため，彼らが語る「社会的現実」は，あくまでも，語る人にとっての「現実」であり，客観的な「真実」に言及しているわけではありません。私たちとの対話の中で，もし彼らが「偽」を語ったとしても，それがなぜ今語られたのかを大事にしなければその意味を見失ってしまうと思います。私たちは語られた内容の真偽をつい確かめたくもなりますが，もし「あなた」が「偽」を語れば，その真偽を確かめるのではなく，その「偽」についていくことによって，「あなた」の「真」が見えてくるのだと思います。真偽を超えたところに，「あなた」が見えてくることがあるだと思います。

　対話の場において，「あなた」が語る物語を聴くという行為そのものが，「あなた」が生きている場所で生じている様々な出来事や他者との関係性と「あなた」の障がいとがどう関連しているのかを理解することにも繋がるのです。

関係性の記述

　「関係性が個人のありようを顕わにする」。この言葉は，ある人の行為を解釈する場合に，個人の心の実質・内容からとらえるというよりも，「社会的過程

の産物としての行為」として解釈しようとする社会構成主義の考え方を表しています（Gergen, 1994/2004 : 286）。

一方，自然科学における研究では，「関係性」は，まず「個人」が関係性の基礎であるとされ，個人内の心的過程が強調されます（Curtis, 1990）。つまり，「関係性」という概念を記述するときには，隔絶された個人が存在したのちに，その個人の間に生じるものが「関係性」だという考え方なのです。しかし，統合失調症の病因を追究した精神科医であるレイン（Laing, R. D.）は「病理は個人内要因としてあるのではなく関係性のあり方にある」と考えていたため，個人が置かれている「関係性」の重要性を強調しました（レイン，1971）。精神科医であるサリバン（1953）も患者の異常行動の原因を内的・心的過程ではなく「対人過程の中」に見出そうとしました。「病理は個人から発するのではなく，コミュニケーション・システムに埋め込まれている」と言ったのは，ダブルバインド理論で有名な人類学者であるベイトソン（Bateson, 1972）です。

「語り」を解釈する場合も同様に，語り手と聴き手の間に生じている関係性も記述しなければ，語り手の語りの意味を見落とすことになります。語り手と聴き手の関係がそこで語られる内容の行き先を決めることがあるからです。

ここで示したように，何かの疾患や障がいを医学的あるいは理論的な枠組みから説明するだけでは，実際の生活の場所で生きている人の困難や求めているものは見えてきません。人はそれぞれ，その人が生きている心理的・社会的な文脈に影響を受けた「説明するモデル」をもっています。そのモデルを聴くことがその人を理解することに繋がります。

2　優斗君に固有の「理論（説明モデル）」

ここでは，数年前に発表した論文（山本ほか，2011）をもとに，自閉症スペクトラム障害と診断されている優斗君（仮名　高校2年生）と心理テストの一つであるSCT（文章完成テスト）を行い，そのときの優斗君と私の様子をビデ

第3章 「あなた」の内側から立ち上がる「理論（説明モデル）」を聴く

オに撮り，そこでどのようなコミュニケーションが生じているかを分析したものを紹介します。この調査は200X年Y月Z日，午前10時～午後12時に行いました。まず，優斗君にあらためて調査の具体的な説明を行い，その後，SCT60問（前半30問，後半30問）を行い，説明からテスト終了まで，雑談を含んだそのすべてをビデオに撮影しました。ビデオの映像はCD-ROMに記録として保存し，発話はすべて逐次的に文字化しています。

優斗君と私

　調査対象者である優斗君は，幼いころから多動と特有のコミュニケーションの取り方により教師や友人と何度もトラブルを起こしていました。そのため，母親に連れられて医療機関を訪れ，アスペルガー症候群と診断を受けました（小学校4年生時）。本人は母親によって障がいを告知されています。この調査の数年前に行った母親への面接の中では，小学3～5年生のときには適切な対人距離がはかれないことと，言語的問題（他者のいうことは字義どおりに受け取り，曖昧な表現がわからない）から，学校の教師や仲間との関係がスムーズにいかずパニックや自傷などの問題を抱えていたということです。しかし，小学校5年生のときの担任教師の積極的・肯定的なかかわりによって，問題行動は劇的に改善をみせたといいます（山本，2004）。現在は，自分の障がい名を一つの「特性」として受け止め，大学進学を目指し努力をしている最中だそうです。性格は非常に真面目であり，人に対しても誠実にかかわろうと努力しているという話です。

　私と優斗君の出会いの場は，2001年から調査に協力してもらっている発達障害児の親の会でした。優斗君の母親とは母親調査でのインタビューを通じて懇意にしていました。優斗君との付き合いは，優斗君が一番つらかったといわれている時期（小学4年生のころ）から始まっています。そのため，今回の調査で久しぶりに会った優斗君の状態が安定している今を嬉しく思っている半面，負のスパイラルに入りこんでいた時期を知っているだけに，優斗君に対する言葉かけなどには気を使う側面もありました。

アスペルガー症候群のコミュニケーション特性

　自閉症スペクトラム障害であるアスペルガー症候群には，自閉症に共通するいくつかの特殊なコミュニケーションスタイルと社会的不適応があるといわれているにもかかわらず，知的に遅れがないため周囲にその障害が認知されにくく社会的不適応を起こす子どもが少なくないと指摘されています。つまり，彼らがもつ高い「言語能力」がコミュニケーションおよび想像力の困難を外側から見えにくくさせ，彼らの「特性」への理解が得にくいと言われています（十一，2003：36）。そしてこのアスペルガー症候群の「高い言語能力」と「コミュニケーションおよび想像力の欠陥」のギャップがその障がいを知らない他者からは「違和感」として，あるいは「悪意のある人格をもつ子ども」（Frith, 1991/1996：99）と評されることもありました。アスペルガー症候群の特徴として指摘されている「コミュニケーションにならないコミュニケーション」，あるいは，「言語を流暢に扱うことによって成り立たなくなるコミュニケーション」とは具体的にどのようなものなのでしょうか。

アスペルガー症候群の人との対話

　私たちが誰か他者と対話する中で「コミュニケーションが成り立った」と感じるのはどのようなときなのでしょうか。「自分の思いが伝わった」「相手の思いが理解できた」など，対話の中で他者と何かを共有できたと実感したときにそう考えるのではないでしょうか。少なくとも，誰かと対話をしていてそこに「違和感」を覚えず，相手との間で「理解し合えた」という実感をもつことが「対話が成り立った」と感じるための重要な条件になると思います。

　アスペルガー症候群は，言葉に遅れを伴わない自閉症だと言われています（杉山，2005）。つまり，言葉のやりとりでは一見問題がないようにみえます。しかし，豊富な語彙を流暢にあやつれるもっとも進歩したアスペルガー症候群の人たちでも，話し言葉は機械的に記憶された語彙にもとづいていると指摘されています（Wing, 1996/1998：130）。また，アスペルガー症候群の人たちは，言葉の話し方は流暢で文法的にも正確なのですが，言葉の理解に深刻な障がい

第3章 「あなた」の内側から立ち上がる「理論（説明モデル）」を聴く

があると考えられており，言葉の繰り返しや即時および延滞のエコラリア（おうむ返し）がよくみられるとも言われています（Wing, 1996/1998：97）。

　この「通常の言語をもち，話し言葉は流暢ではあるがその使用に深刻な障がいを抱える」と言われているアスペルガー症候群の言語的困難に関してウィング（Wing, 1996/1998：50）はいくつかの例をあげています。たとえば，あるアスペルガー症候群の青年は，心理テストを受けたときに「なぜ警察が必要か」と質問されたそうです。彼はその答えとして，イギリスの内務大臣をしていた1829年にロンドン警視庁を設立したロバート・ピール卿のことに触れながら警察の歴史から返答を始めたといいます。あるいは，ある子どもは母親に「この器からビスケットを一枚引き出していいですか」と尋ねたり，お茶をもらった後で，「今日の午後，私に施してくださった歓待に対して私は感謝したいと思う」というような話し方をするそうです。

　さらに，彼らは話し言葉だけではなく，人の話を聞くことにも困難があるといわれています（Wing, 1996/1998：52）。アスペルガー症候群を含む自閉性の障がいがある人のもっとも大きな特徴として，「曖昧な概念」が理解しにくく，「他者の言葉を字義どおりに解釈すること」があります。ふたたび，ウィング（Wing, 1996/1998：52）があげている例を引用すると，ある男の子が，「ティーポットの内側ではなく外側（on the outside）をふいて」と言われると即座にティーポットを持って外にいき，ふいて乾かしたといいます。さらに，「目を泣き腫らす（crying your eyes out）」「（驚きや恥ずかしさで）口がきけなくなる（have you lost your tongue）」などの言い方はそれを字義どおりに解釈するため，アスペルガー症候群の人には注意して使用するように指摘されています。

　以上のように，医学的観点からは，アルペルガー症候群の人はそうではない人のコミュニケーションと比べていくつかの点において「異質性」があり，その「異質性」がこの障がいの中核症状であると説明されています。彼らのコミュニケーションのスタイルは，障がいがない人々のそれと明確に区別される不変的な特性だと考えられていることになります。しかし，彼らの特性が実際の日常の生活場面のすべてにおいて，あるいは，あらゆる関係性の違いをこえて，

同じように現れるのかどうかについては明らかにされてはいません。

「心理テスト」を考える

　優斗君に対する調査で用いたSCTは,「子どものころ,私は」といった文章の書き出しだけを示して,思いつくことを自由に記述してもらうものです。テスト項目は全部で60項目あり,個人のトータルな人間像を把握できるように工夫されています。また,参加者の回答には正解はありませんが,その結果からその個人のパーソナリティを全体的に把握することが可能になると言われているものです。つまり,SCTの参加者の回答は得点化されないため回答の内容それ自体がパーソナリティを評価したり判断したりするものではなく,参加者個人のパーソナリティを評価したり,判断することは,SCTを行った調査者側にゆだねられた検査だといえます。子どもたちは,心理テストという緊張を強いられる「場面」において回答を求められ,そしてその回答は検査者の「読み取り」にゆだねられるということになります。優斗君とのコミュニケーションの媒介として用いたSCTとは形式が異なりますが,優斗君が医療機関を訪れたときに受けた「WISC-Ⅲ」という検査があります。このWISC-Ⅲは発達障害児に対するアセスメントには頻繁に用いられます（現在は,改訂版であるWISC-Ⅳが普及しています）。この検査の目的は一定の条件のもとで子どもの知的能力を測定することにあります。手引書には検査に際しての注意として,「子どもと検査者の信頼関係がすべての検査において重要であり,受容的で心理的圧迫の少ない雰囲気が子どもから検査の不安を取り除き,検査結果に良い影響を与える」と書かれています。つまり,こうしたテストの「場面」というものは子どもにとっての「非日常（なじみのない場所でなじみのない人と長い時間過ごすこと）」であり,「緊張を強いられる場面」であることが前提にあるのだと思います。では,こうした非日常の「場面」で行われる心理テストの結果の信頼性をどう考えたらよいのでしょうか。

　臨床家であるネーヴェンら（Neven et al., 2002/2006：31-37）は,この疑問に対して1対1で行った心理検査の結果は,「現実世界（日常）」での子どもの

第3章 「あなた」の内側から立ち上がる「理論（説明モデル）」を聴く

課題遂行レベルの近似値に過ぎず，「生態学的妥当性を欠くと批判されることが多い」と言っています。しかし，実際にはこうした現実世界を離れたところで検査を行うことによって，発達に課題があるかどうかをスクリーニングされることが一般的です。緊張しない子どもの場合にはかなり正確な結果が期待されるのでしょうが，緊張が強い子どもの場合は結果への配慮が必要になってくるかもしれません。また，検査者との関係性がどのようなものであったのかも考慮されることが望ましいと思います。

　私たちは，何らかの器質的あるいは機能的な障がいがない限り，言語装置としての「声」をもっています。しかし，私たちの「声」がつねに他者との間で，意味を共有する言語的なコミュニケーションをスムーズに運ぶものだとはいえません。なぜならば，人と人の対話を「内容」ではなく，その内容が発せられたその場の「関係性の質」から解釈しなおせば，その「内容」自体への見方や解釈が変わることがあるからです。つまり，その場で起こっている対話の性質は，個人の特性だけで説明できるものではなく，個人が置かれている文脈や関係性を含みながら解釈されることによって，違う側面を見せる可能性があるということです。

心理テスト場面におけるコミュニケーション特性
①時期を限定する回答
　優斗君は「時間的な概念が基盤にある設問」に対しては回答が難しかったようです。とくに時間的な流れの中で起こる出来事を問われている場合であっても，その出来事や曖昧な時期ではなく，ある「特定の時期」を回答する傾向がみられました。たとえば，「前半第30問」の設問に対して以下のように答えています。

　　1a.　前半第30問
　　私：じゃあ私が思い出すのは
　　優斗君：…思い出すのは…思い出す

47

第Ⅰ部　ナラティヴを聴くことの意味

　　私：思い出す
　　優斗君：中学…の
　　私：うん
　　優斗君：中学3年生のころの…
　　私：…ころの？
　　優斗君：後半くらい

　回答はここで終わっています。この「中学3年生の後半くらい」に何を思いだしたのかはわかりませんでした。仮に優斗君が，「私が思い出すのは」という私の質問に対して，優斗君が回答したようにある「特定の時期」と，「運動会」「家族旅行」などの特定の出来事を回答してくれていれば，私が違和感を覚えることはなかったかもしれませんが，出来事に関しての答えはありませんでした。

　同様に，"家の暮らし"（前半第2問）という設問に対しては，「中2くらいから」と答えましたが，私の「中2くらいから？」という回答の具体性（出来事）を求める促しによって，はじめて「家族との関係が薄れてきた」と答えました。また，"もう一度やり直せるなら"（後半第7問）という設問にも「小4くらいのころ」と答え，私の「小4くらいのころ？」という問いに対して「をやり直したい」と答えています。

　この"私が思い出すのは"という設問は，前半最後の設問であったため，時間が足りず，優斗君に回答の具体性を求める問いを発しませんでした。そのため，限定的な時期の，具体的な「出来事」までを引き出すことはできませんでした。これを優斗君の特徴としてとらえてよいものかどうかは明確にはいえませんが，優斗君とのコミュニケーションの中で私が違和感を覚えた一つの特徴ではありました。

②自己中心的・字義通りの回答
　優斗君は，SCTに対する回答を一般的他者の視点というよりも，自己中心

的な視点から行う傾向がありました。たとえば，次の例にあげたように，優斗君は男性なので，"夫"という問いに対して「なる義務があるもの」と男性サイドから答えています。さらに，"妻"という問いに対しては，「これはさっきの夫とおんなじ…も…もたなければならない…義務がある」と自分（男性）を中心とした視点から回答していました。

2a. 前半第21問
　私：じゃあ次，夫
　優斗君：夫？
　私：夫
　優斗君：夫，な，な，夫…うん…に…なる義務があるもの
　私：夫になる義務が，あるもの
　優斗君：義務がある…あるという
　私：優斗君はそう思っているのね
　優斗君：はい

2b. 後半第18問
　私：ん…，次は，次は妻
　優斗君：妻
　私：うん
　優斗君：…は，これはさっきの夫とおんなじ…も…もたなければならない義務がある

これは，ウタ・フリス（Frith, 1991/1996：185）が指摘するように，アスペルガー症候群がある子どもや大人が他者とのコミュニケーションにおいて，「他者視点から物事を考えることが苦手」という特徴をもつためとも考えられないことはありません。少なくとも，私は優斗君の「なる義務があるもの」という回答に少し「違和感」を覚えました。そのため，2a.において「優斗君はそう思っているのね」と確認しています。

さらに，前述したウイングの事例にも見られたように（Wing, 1996/1998：

50），アスペルガー症候群にありがちな字義的で古風な言い回しの回答が，優斗君の場合にもみられました。たとえば，"死"（前半第12問）に対する回答が「世界の中から…存在が…消えるもの」，"将来"（前半第16問）に関しては「見えないもの」，"私の母が"（前半第19問）は「それは　今そこに存在している，普遍的なもの…とした…と，として見られる」，"仕事"（前半第18問）は「生きる術」，"世の中"（前半第20問）とは「繰り返される流れの中で，人…々…が，働く…場所」，"金"（後半第16問）は「ん…民主主義の社会の中で，人と人，人々が…知らぬ間に頂点に押し上げたもの。金だけがあの…社会の中で一人歩きしている」，"恋愛"（後半第11問）では「動物的本能」などがそうです。これらは，優斗君の考えというよりも何かの書物から得た知識や一般的な言説を参考にした字義どおりの回答といえるのではないかと考えられました。

テスト前後の雑談の中で見られたコミュニケーション特性

　優斗君は心理テストの中では，アスペルガー症候群に特徴的なコミュニケーションスタイルと重なる傾向がみられましたが，私との「雑談」の中では，アスペルガー症候群が苦手とされる「曖昧な概念」の使用と，他者視点に立った思いやりや謙遜する言葉も多く聴かれました。また，アスペルガー症候群の「他者と目を合わせにくい」と言われている特徴はたしかにテストの中では見られましたが，「雑談」では見られませんでした。このことから，優斗君は場面を理解し，対応を使い分けているように思いました。

①「曖昧な概念」の使用

　アスペルガー症候群の子どもは「曖昧な概念」の表出や理解が苦手だと言われています（玉井，1983）。たとえば，典型的なアスペルガー症候群の子どもは，誰かに「君，これをやってみないか」と言われたとき，「ぼくはいま，やりたい気持ちは0％で，やりたくない気持ちが100％だからやりません」など，他者との会話において，伝達する内容そのものより，感情を抜きにした論理だけの伝達の形式にこだわる傾向があると言われています（玉井，1983：83-84）。

しかし，雑談場面における優斗君のコミュニケーションでは，私の質問に対して，伝達の形式よりも「曖昧な概念」を使うことによって字義どおりな印象を避け，対話者に違和感を覚えさせない「伝達の内容」を重視した対話をしようと心がけていることがわかりました。

 1a.
 私：将来何かしたいとか，決まった？
 優斗君：まだちょっとあんまりビジョン…かたまらない
 1b.
 私：うん…今度また（優斗君の母と）ご飯食べようねって言っているのだけどまあ大丈夫？
 優斗君：そうですね…（体調は）そんなに今のところは見てる限りでは
 1c.
 私：…優斗君は（料理）うまい？
 優斗君：ん…，まあまあ
 1d.
 私：（付き合っていたガールフレンドと別れた話を聞いて）あの子，でもすごく（性格が）よかったよね？
 優斗君：さあ…

 1a.から1d.では優斗君の言葉の中には，テスト場面では現れなかった「ちょっとあんまり」「そんなに」「まあまあ」「さあ」という曖昧な言葉が聴かれました。つまり，テスト場面で優斗君に見られた「伝達する内容よりも形式にこだわる傾向」は，雑談の中では見られなかったということです。

②対話の場における「思いやり」と「謙遜」

 2a.
 優斗君：妹は，もう今から（餃子の）作り方は仕込まれて

私：上手にやってやるの？

優斗君：それはちょっとへたくそ

私：へたくそ？　優斗君はうまい？

優斗君：ん…，まあまあ

私：はははそうかぁ。妹可愛くなったよね，美人

優斗君：でもちょっと

私：生意気？

優斗君：こっちの方も（太っているというジェスチャーをして）

私：太ってきたの

優斗君：はい

2b.

私：（優斗君は）大変，しっかりしてるよねぇもう，びっくりするわもう，ほんとに16（歳）の感じはしないなぁ

優斗君：そうですか

私：言われない？

優斗君：まあそれは背ぇ高いから

私：そうなのかなぁ

優斗君：やっぱり（※聞きとれず）で歳上に見られるあれもありますけれども

私：いや，しっかりしてる。第一うちのが今15，中3の娘，全然なんか…頼りない

優斗君：いえいえいえ

　アスペルガー症候群の特徴として，「他者の感情や考えへの関心の欠如」があげられています（Frith, 1991/1996：185）。しかし，優斗君は雑談の中で曖昧な言葉を使用し，他者の言葉の意味を理解した上での話題となっている他者への「思いやり」，あるいは自分自身に対する評価への「謙遜」ととらえることができる言葉が聴かれました。2a.の会話ではいくつかの「思いやり」や

第3章 「あなた」の内側から立ち上がる「理論（説明モデル）」を聴く

「謙遜」を意味する言葉が用いられています。たとえば，自分は妹より餃子作りが上手であることを私に伝えるときに，妹は餃子を作るのは「ちょっとへたくそ」なのだけれど，自分は「まあまあ（上手である）」という「曖昧な言葉」を用いて表現しています。この場合，通常の理論的な枠組みからは，アスペルガー症候群の子どもであれば，「妹はへたであるが，自分は上手である」と明確に答えると考えられるのだと思います。

　また，私が妹に対して「美人になったね」というほめ言葉を用いたときにも，それを嬉しく思ったとは感じましたが，「でもちょっと」という曖昧な言葉によってそれを柔らかく否定し，違う側面があることを表現しました。そのため，私は優斗君の年代における「一般的兄妹関係のあり方」を参照し「生意気？」と聞き直したのです。それに対しては明確に同意はしませんでしたが，（太っているという）ジェスチャーを伴う「こっちの方も」という返答をしました。このジェスチャーに私は注目しました，なぜならば，ウタ・フリス（Frith, 1991/1996：185）が指摘する「アスペルガー症候群の子どもは感情や思考を表すジェスチャーや動作が乏しい」という特徴とは重ならなかったからです。

　また，2b.で私が優斗君の人となりと比較して自分の娘は「頼りない」と発言したときには，「そうなんですね」と字義どおりに受け取るのではなく，「いえいえいえ」とそれを否定しました。優斗君は私の娘に会ったことはないし，娘の状態をほとんど知らないにもかかわらず，私の娘への否定的評価を即座に否定していることは，対話している相手の身内の悪口はたとえ対話者が口にしてもそれに「同意しない」という一般的な礼儀に従ったコミュニケーション形式をとっているように思えました。

場面で異なるコミュニケーションの特性

　優斗君との対話は，一般的に言われているアスペルガー症候群に関する理論の中で説明されていることとは少し異なり，場面によってその特性の現れ方に違いがあることがわかりました。緊張を強いられる場面あるいはテストという形式の中では，対話を成り立たせるための重要な条件である「他者視点」の欠

如や，社会性の欠如，モノやヒトへの〈こだわり〉などといったアスペルガー症候群に特徴的であると言われている言語的表現が表れました。しかし，優斗君は緊張を強いられない場面あるいは制約を受けない状況の中では，苦手だと考えられている他者の視点に立った言葉を選んで対話をしていました。優斗君にはアスペルガー症候群の医学的なモデルだけでは説明できない部分があったのです。優斗君と雑談をしなければ，優斗君のアスペルガー症候群の特性以外の部分を見ることはできなかったと思います。

　また，優斗君の例から推測できることとして，優斗君だけではなく，アスペルガー症候群がある人の非言語的なコミュニケーションの苦手さは，緊張が高く，言語に集中しなければ課題が達成できないような「文脈を読む余裕を失ってしまう相手や場面」で現れるのではないかと思いました。そのため，文脈に配慮しながら相手の言葉を聞き，自分の言語を選ぶことができる物理的・精神的な余裕が与えられている場所では，相手に違和感を与えないコミュニケーションが可能になるかもしれません。

　つまり，テストや実験を通してアスペルガー症候群の特性がこうだと言い切ることは彼らの真の特性を理解するには不十分であり，場の設定や雰囲気作りなど私たちの側のかかわりかたを工夫することで彼らの違う側面をみていかなければならないと思います。そして，こうした私たちの側の工夫が，日常の場においても彼らとの対話で生じる違和感を減少させていくことに繋がるのではないでしょうか。彼らが「文脈に配慮せずに対話をする」と解釈することは，同時に，対話の相手である私たちも「彼らの文脈に配慮せずに対話をしている」と解釈されることを意味しています。

　優斗君だけではなく，同じ診断を受けている人々も場面や状況によって，また，相手の違いによって，診断名だけでは理解できない多様な自分を生きているのです。

3 斉藤さんに固有の「理論（説明モデル）」

斉藤さんのこだわりと柔軟さ

 もう一人，自閉症がある斉藤大介さん（仮名 23歳）の例を紹介します（山本，2012）。斉藤さんは自分の思いを伝えてくれることはあるのですが，双方的なコミュニケーションをするには困難がある人でした。養護学校を卒業後，通所施設を利用していたときの話です。家から通所施設までは，送迎バスを利用するのですが，受け入れる施設は，自閉症の人だから，「お迎えの時間に遅れないように」「バスで座る位置は決めておくように」など，特性を配慮した対応を心掛けていました。そのため，斉藤さんが最初に送迎バスを利用したときに座った運転席に近い通路側の席が「斉藤さんの座る席」になりました。

 斉藤さんは，穏やかで職員全員から愛される存在でしたが，たしかに「こだわりが強い」と思われるところもありました。そのため，少々，困ることもあったのですが，職員はみな「自閉症だからしょうがない」と納得していたのです。

 しかし，ある日，足を痛めた利用者さんに，運転席に近い通路側の「斉藤さんの席」に座ってもらわなくてはならない事態が起こりました。送迎の職員は「構造を崩してしまって，不安定な状態になられたらどうしよう」と心配したそうです。「座る席にもこだわりがあるだろう」と思っていたからです。そこで，「すみません。申し訳ないのだけれど，○○さんが足を骨折してしまったから，乗り降りがたいへんで，斉藤さんの席に座っていただかなくちゃいけなくなったのですが，よろしいですか」と尋ねたそうです。すると，斉藤さんは大きな声で「はい」と言い，すっと後ろの窓際の席に移動してくれたそうです。保護者の方の話によると，じつは，ドライブなどで窓の外にひろがる風景を眺めるのが好きだということでした。「本当は窓際の席が好きなのに，遠慮されていたのかしら。申し訳なかったわ」。職員の中ではそんな話も出てきました。

 また，あるときは，毎日楽しみにしている切り絵の材料が不足していたため，

「今日は，材料が足りないので，切り絵ができなくなってしまいました。だから，今日の作業はクリスマス会用の飾り作りにしたいのですが，よいですか」と訊くと，「はい」と答え，スムーズに飾り作りをしてくれました。いつものお茶の時間には，「ミルク，お砂糖入れます」と言ってミルクと砂糖がたっぷり入った甘いコーヒーを希望されるのですが，職員が砂糖を買い忘れていたときに「どうしよう」と思いながらも，「砂糖を買い忘れてしまったので，ちょっと苦いけどコーヒー飲みますか」と訊くと，「はい」と言いながら苦いコーヒーを飲んでくれます。

　こう書くと，斉藤さんはつねに「はい」と言うように聞こえますが，前述したように，新しい洋服を着るときに強く抵抗するとか，外出のときにはかならず黄色い帽子をかぶらないと安定して出かけることができないとか，かなりこだわりが強い「頑固」な面もあるのです。

　自閉症の人が「妥協する」ことや「嫌なことがらを納得する」といったことは専門知識からだけでは，なかなか想像したり，気づいたりすることは難しいことかもしれません。そのため，斉藤さんの支援に関しても，はじめから，場を構造化しようとしたり，「話を聴いたり，相談したり，お願いすること」を諦めてしまっていたこともあったように思います。しかし，これらのことをきっかけに斉藤さんに対する支援の内容が大きく変わっていったのです。支援者の中に生じた新たな視点からの支援は，斉藤さん個人にとっても，より快適な生活を導くものになったのではないかと感じます。もちろん，現場では，専門知識が役にたつ場合も多くありますが，専門性があまりに強く現場に入り込むと，当事者支援の中での「みえなさ」や「気づかなさ」を生じさせることがあります。斉藤さんだけではなく，自閉症といわれている人は，「こだわりが強い」「変化に弱い」，そのため「パニックになる」などの障がい特性からくるイメージがあります。しかし，だからといって，自閉症がある人のすべての行動や生活が同じ障がい特性からつくりあげられているものでもありません。

　　うちの子どもは「折り合うことのできる自閉症」なんですよ。

第3章 「あなた」の内側から立ち上がる「理論（説明モデル）」を聴く

これは，ある保護者の言葉です。ここで語られた「折り合うことができる」という言葉の意味は，自閉症だからといって「一から十まで凝り固まって，〇〇じゃなければだめだ」というのではなく，自閉症の特性があるものの，きちんと話をしたら，ちょっと「嫌だな」と思ったとしても，妥協や納得をしてくれる人もいるのだということを表していると思いますし，私たち支援者が「気づきにくい言葉」だとも思いました。

一人ひとりにある小さな「理論（説明モデル）」を聴く

他の障がいがある人々にも彼らを理解するための小さな理論があります。「小さな理論」とは，その個人を説明するための「モデル」であり，同時に私たちの認識を変えるためのモデルになります。

人が生きている内側の世界から語られる物語は，私たちの「専門知」や「理論」といった外側からの枠組みでは理解できないものがあります。他者の話を聴くことは，現場で生じている出来事に対する解釈の可能性を広げ，新たな見通しを生み出すことです。話し手の内側にある視点から，支援の小さな理論を組み立てていくことも可能になります。一般的な説明モデルを参照するのと同時に，語り手の中にある個人の小さな「理論（説明モデル）」を聴き取ることが，私も含めた対人援助に携わる人々に求められているものだと思います。

第II部
実践の中のナラティヴ
現場から立ち上がってくる小さな「理論」

第4章
障がいという言葉に対する「違和感」
——一つの価値観・秩序が優先される世の中で——

　何かの問題が生じれば，その原因を探り，原因がわかれば，それに対処していこうとするのが一般的な考え方だと思います。発達障害がある人たちの行動様式に対して，私たちがそれを問題だととらえれば，同じような道筋で対処方法を探すのだろうと思います。ただ，彼らの行動様式が上手く社会に適応していない場合，それを個人の問題だととらえ，個人の内部にその原因を探そうとすれば，私たちは何かを見落とすことになるかもしれません。

　個人を取り巻く広範な社会的・家庭的な背景という環境要因が彼らにどのような影響を与えているのか。また，私たちが暮らす時代や文化，歴史が彼らにどのような影響を与えているのか。彼らはどのような世界を生きてきたのか。現在，彼らがどのような文脈を生きているのか。それらすべてが彼らの今をつくり上げていることを意識し，それらの内実を知らなければ，彼らが抱えている困難に向かい合うことは難しいと思います。そして，私たちが外側にいて，問題だととらえていたものが，じつは私たちの側の問題であることも少なくはありません。発達障害がある人たちが抱えている困難の原因を，その個人内に帰属して訓練や治療をしたりしようとするのではなく，彼らが抱える困難を私たちとの関係性の中で，彼らが生きている社会的状況の中でとらえなおしたときに，彼らとの関係をどう結んでいけばよいのかが見えてくるのではないかと思います。私たちが発達障害がある人によかれと思ってかかわっていくことが，彼らの中に「違和感」を生じさせることもあるのです。

第Ⅱ部　実践の中のナラティヴ

1　「なぜ僕たちだけが変容を求められるのか」

　吉田信吾さん（仮名　40歳）は，いくつもの仕事を経験し，何度も挫折し，今は自宅で母親の世話になりながら障がい者支援の活動にかかわっています。活動にかかわるようになる数年前に医療機関でアスペルガー症候群と診断されました。吉田さんは，就職が安定しなかったことや，自分の行動や考え方が社会に受け入れらないことに苦しんでいたため，自分から医療機関を訪れて診断を受けたのです。

「みんなと遊ぶことはよいこと？」

　　　　僕は小さいときから，自分には精神と知能とのアンバランスがあるのではないかと思っていたので，診断を受けて，なんとなく納得できました。僕は知識だけは博士並みにあったのだけど，人が理解できることがよく理解できない面がありました。人の気持ちがよくわからないからデリカシーのないことを言ってみたり，反面，人の何気ない一言にとてもこだわって，そこから離れることができなかったり。

　小学校時代はずいぶんと人見知りの強い子どもだったそうです。吉田さんは当時を振り返って，人とかかわりをもとうとしないから，人の気持ちもわからなかったのかもしれないと言います。担任の先生はとても熱心に吉田さんにかかわってくれました。学校の中だけではなく，家庭を訪問したり，吉田さんの苦手な部分をみつけ，「こうしたらうまくいくのではないか」とアドバイスしてくれたりしました。また，人と話すときに緊張が強いため，早口になり何を話しているのかわからなくなってしまう傾向があったので，「落ち着いて話せば大丈夫だから」などとつねに気にかけて具体的に指導してくれたそうです。しかし，そうしようと思ってもできない自分をいつも意識していたそうです。

第4章　障がいという言葉に対する「違和感」

とても感謝はしているのですが，あまりに熱心すぎて，小学生ながら，少ししんどいと思うこともありました。でもそのときの僕は，何とか今の情けない自分を変えたいという思いが強かったので，先生や親がいうことに従おうとしました。でも，根本的には従えなかった。

当時，吉田さんは教室でクラスメートからいじめにあったり，ネガティヴなことを言われたりしても，そこに立ち向かう力がなかったと言います。誰に何をどのように相談したらよいのかもわからなかった。そもそも，自分が抱えている思いは相談することなのかどうかも判断できなかったそうです。そんな生活の中で一番困ったことは，「休み時間は外でみんなと一緒に遊びなさい」と言われることでした。吉田さんは休み時間はいつも本を読んで過ごしていました。

　どうしてみんなと遊ばなければならないのかがわからなかった。一人で遊ぶのが好きなのに，どうしてみんなと遊びなさいと言われるのかがわかりませんでした。でも，僕は思うのですが，たとえば，先生が先生になるために教科書で学ぶことですね。人と遊ぶことで社会性を身につけて発達していくとか，いわゆる，発達理論にあるようなことですね。あるけれども，そうじゃないでしょうという違和感があります。遊ばないと社会に出たときに困るっていう一つの価値観を優先させる中に，僕は違和感を覚えました。

先生は吉田さんがいつも教室の中でひとりぼっちで本を読んだり，クラスで飼育している亀に話しかけていたり，窓の外をぼんやり見ていることを気にしていました。遠足や運動会で自主的にグループを組ませたりするときなどは，吉田さんはつねにひとりぼっちでした。先生から見れば，吉田さんが"ひとりぼっちで寂しい"と感じているのではないかと思ったのでしょうが，吉田さん自身はみんなと一緒に何かをするというよりも，一人で自分のペースで過ごす方が落ち着きました。私も集団で行動することは得意ではありませんでしたの

63

で，吉田さんの気持ちが少しわかるような気がしました。ただ，やはり学校は子どもを社会化する目的をもっているので，先生からは友達と遊ぶことを促され，叱られるのが嫌だった私は学校という場ではとりあえず先生が言うように振る舞おうと自分を納得させていました。しかし，吉田さんはなかなか自分を納得させることには至らなかったようです。そこには，人には語れなかった思いが内面にあったようです。

> 先生に何度も注意されても僕は一人でいました。みんなとは遊べなかったのです。僕は一人が好きだというのはあるのですが，とにかく人が怖いのです。人に対する恐怖心が強いから，人と一線を引いていました。先生からすれば，いつまで経っても進歩がないとか，適応できない子どもだとか思われていたでしょうが，とにかく一人でいたかった。人と一緒にいて，いじめられたり，ネガティヴなことを言われたくないという気持ちも強かったですね。でも，最初は，一人でいるからいじめられたりしたのかもしれませんけど。どっちがどっちかはわかりません。

吉田さんが語る「人が怖い。人に対して恐怖心が強い」ということに関しては，人とは少し異なった言動がある吉田さんに対する好意的な反応をそれまでに受ける経験が少なかったのだろうと思います。敏感な吉田さんにとっては「恐怖」と受け取るような対応もあったのかもしれません。まだまだ発達の途上にいる小学校低学年の子どもたちが，自分たちとは異なる人がいることを理解し受け入れることは難しい場合もあります。さらに，吉田さんが言うように，心の中に湧きあがってくるある種の感情を「誰に何をどのように相談したらよいのかわからなかった」「そもそもそれが相談することなのかどうか判断できなかった」とすれば，吉田さんが人に対する恐怖心を克服する機会も失われていたのだと思います。そして，その後の人生においても，この恐怖心は挫折するたびに深まっていったと言います。

第4章 障がいという言葉に対する「違和感」

「おかしなところ」から抜け出そうとするきっかけ

　小学校を卒業して地元の中学校に進みました。中学校では友人はできなかったものの，吉田さんを支えてくれる多くの先生に出会いました。中学校になると勉強が生活の中心になりました。吉田さんはとても熱心に勉強をしたので，成績がよかったそうです。

　　何かで自信をつけたかった。それが僕の場合は勉強だったのですね。勉強で人に勝って自信をもとうと思っていました。だから，僕はその勉強を物差しにして人を計っていました。あの人は勉強ができないから社会には無用な人だと思ったり，そういうことを直接，言ったりしました。自分の中のイライラや不安をぶつけたのですね。だから，本当に嫌われるようになっていったのだと思います。このころの僕は人間としておかしなところに入り込んでいたように思います。

　このころの吉田さんは，成績がよいことが自分の人生のすべてを変えると信じていました。人と人との関係は，「誰をどのようにして蹴落とすか」が基準になっていたそうです。こうした状況を担任の先生だけではなく教科の先生や保健室の先生が気にかけて心配してくれました。相変わらず教室でひとりぼっちだった吉田さんを休み時間に呼んでいろいろな話をしてくれました。その中にお寺の住職をしていた社会科の先生がいました。吉田さんはこの先生から言われた一言が自分を「おかしなところ」から連れ出してくれたと今でも心の支えにしていると言います。吉田さんはこの先生の言葉を鮮明に覚えていて，私にこう教えてくれました。

　　先生は「もっと世の中をしっかりと見てみなさい。吉田が知らないことがいっぱいある。不登校で悩んでいる子どもや，障がいで偏見をもたれて苦しんでいる人もいる。勉強で人に勝って自信がもてるようになるのではない。できない子どもを落ちこぼれと切り捨てるのではなくて，その子の事情を考えて，やり方を変えてやったらできるようになる。そんな視点を

もたないといけない。人間は競争じゃなくて，共生や」と言いました。僕はすごく納得しました。

　先生から「世の中をしっかり見なさい」と言われても，それを自分が生活している場所から体験することは難しかったそうです。実際に不登校を支援している人や障がい者問題にかかわっている人を紹介してあげようかと提案されても，根底に人が怖いという思いがあるので直接その人たちに会う勇気は出なかったそうです。その代わり，たくさんの本を読み世の中で何が起こっているのかを勉強しました。この勉強は，大学院を修了するまで続きました。

　大学院を卒業後，就職は簡単に決まると思っていました。しかし，試験は通っても面接で落とされるということが続きました。やっとのことで就職した会社も何度も解雇されたり，自主退職を余儀なくされました。解雇や自主退職の理由のほとんどは，会社の上司の指示に従えない，同僚と上手くやっていけないということでした。現在は，就職活動を停止しています。最後の退職を期にもともと自分に自信がなかった吉田さんはさらに自信を失い外に出ることも難しくなりました。当時，吉田さんはこう思っていたそうです。

　　日本の教育って何だったのでしょう。学校は将来8時間労働ができる人を養成するためのものだったはずです。なのに，僕は失敗した。進歩や発展のために，貢献できるような人になるために学校があるのだから，つまり，僕は役に立つ人間にはなれなかったということになるのです。僕はここでとにかく失敗をしたという思いがぐるぐる回って苦しかったです。

　そんなときに思い出したのが中学校時代の社会科の先生の「もっと世の中を見なくてはいけない」という言葉でした。吉田さんは書物の中からはたくさんの知識を得ましたが，実際にその場所に足を運んで，そこで起こっていることを自分の目で見るということはありませんでした。「自分の足で知らなくてはならない」と思ったそうです。そして，障がい者支援活動に参加するようになりました。具体的には，障がいがある人と一緒にレクレーションをしたり，街

第4章　障がいという言葉に対する「違和感」

の清掃作業をしたり，「訓練」に参加したりしたそうです。その中で書物からだけでは得られない体験が多くありました。障がい者がこの世の中でどのように生きているのか，その現実に出会ったときにある思いがわき上がってきたそうです。

「障がいが治るってどういうことですか？」
　障がい者支援活動に参加するようになってから，障がい者に対する社会からのまなざしがどのようなものなのか少しわかるようになったと言います。いろいろな集まりやプログラムにも参加するようになり疑問に思うことも増えてきたそうです。

　　　障がいが治るってどういうことですか？　治すって何？　結局のところ，自分たちの社会の尺度に，僕たちが頑張って訓練して合わせていくことが「治る」ということですか？

　吉田さんは，どこでその言葉を聞いたのかはわかりませんが，障がいに対して「治す」という言葉を使いました。しかし，実際には，障がいは病気とはとらえられていないので，障がいによる困難を減らしていくという意味で誰かが使い，それを吉田さんが用いたのだと解釈しました。しかし，吉田さんの言葉から考えると，障がいがある人は，「訓練」や療育を受けて生きていくスキルを学ぶことによって自分たちの苦手な部分を「治し」，社会に合わせていくことを求められているように感じることもあるのだと思います。

　吉田さんが参加した「訓練」とは，SST（社会的スキル訓練）のことです。SST は一般に，家族や友人，近隣の人々との社会的なやりとりを学ぶものです。たとえば，子どもに対して使われる場合は，「友達を叩いてしまった子どもの絵」を見ながら，「このような場合は『ごめんなさい』と言いましょう」などの具体的なやりとりの方法を学びます。成人の吉田さんは，より日常で使うスキル，たとえば，結婚式や法事などに招かれたときにどう振る舞ったらよいのかなどについて学びました。また，SST にはこのような「やりとりのス

67

キル」に加えて、「問題解決法」と言われるものがあります。これは、その人の年齢群にとって典型的な問題解決策を考えることに焦点が当てられます。吉田さんは、自分の年齢にあった問題を設定され、その解決策を実際に模倣したり練習したりすることを求められました。子どもの場合は、「からかわれたらどうする」という問題解決策として、「無視をする」ことを選択したら、その「無視をする」という行為を実際にからかわれたときに適用できるような場面を想定して練習することがあります。

吉田さんははじめ熱心に自分の社会的スキルを高めるためにSSTの訓練を受けていましたが、だんだん馬鹿らしくなってきたそうです。

> 適切な振る舞いって何ですか？　ここで習ったことをしていれば、社会に受け入れられますか？　もし、そうだとすれば、それは自分の本心からしていることではなく演じているだけで、自分や人を騙していることにはなりませんか。人としての良心や良識を犠牲にしてまでもそれを乗り越えなくてはならないものではない。

吉田さんは、この「訓練」を通して、障がいが社会でどのようにとらえられ、どのように扱われているかを知り、そこに憤りというよりも、社会で生きている人々の考え方への大きな違和感を覚えたそうです。発達障害について書かれている書籍を読んでもそうです。支援者を対象としているせいか、ネガティヴなことしか書かれていない。発達障害がある人を傷つけるものがほとんどだったと言います。そもそも、困っている人を支援することを目的とした書籍であるはずなのに、その内容から、自分たちは世の中から否定されていると思い込まされるような違和感を覚えたと言います。たしかに、書籍の中には、発達障害がある人の困った行動に対する対応が多く見られます。発達障害がある人の特性についても、古田さんが言うように、私たちの社会の中を上手く生きていける人と受け取ることはできません。あたかも、彼らの生きる道筋と、私たちが生きる道筋との間に、はっきりと境界線が引かれ、私たちの道筋は正しく、彼らは間違った生き方をしているように感じさせる価値判断が存在しているよ

第4章　障がいという言葉に対する「違和感」

うに思われます。

　　一つの価値観や秩序が優先されるような世の中で，僕たちがそこに合わせる努力をすることで生き延びていくことを求められる。僕たちはそのままではいけない。だから，変わらなくてはいけない。変わることは自分や人を騙すことと同じです。僕にはできません。ハンディキャップがあることが，その人に良識や良心がないということではないのに，それでも社会は僕たちに変わることを求めるのはなぜ。

　私には，吉田さんの思っていることのすべてが理解できたわけではありませんが，何を伝えたいのかはわかりました。吉田さんの問いに対する答えにはならないとは思いましたが，「そういうこともあるよね。多様な価値観が認められて，秩序ではなく人が優先されて，誰もが変わらなくても，演じなくても，受け入れられて，みんなが自信をもって生きることができる世の中になればよいですね」と私が思っていることを伝えました。吉田さんの問いに対して，本質的に答えることは，今の私たちにとっては難しいことです。もし，私たちがもつ信念体系や規範，常識などを根っこから覆すような出来事が起これば，それは可能かもしれませんが，それがいつやってくるのかはわかりません。しかし，吉田さんは私の言葉にこう語りました。

　　よかった。安心しました。誰も真剣に聴いてはくれませんでしたのでね，僕は間違っているのかと思っていました。一人でも賛同してもらえれば，自信になります。

　吉田さんの周囲の人からは，「吉田さんは小難しいことをしつこく言うから適当に話を聞いておかないと，疲れますよ」と聞いていました。たしかに吉田さんは理論的な話口調ではありますが，私はそれを小難しいとは受け取りませんでした。かえって，吉田さんが生きてきた歴史を考えると，その中で自分を変えよう，世の中や自分を知ろうといろいろな知識を吸収してきたその努力に頭が下がる思いでした。

周囲の人ははじめ小難しい話を聴きたくないと思い距離を少しとろうとしたのではないかと思います。でも吉田さんは，自分が話していることはとても大事なことだからわかってもらわなくてはならないと思ったのでしょう。相手の反応から，わかってもらっていないということを感じたからこそ，わかってもらえるまで話をやめようとしなかったのではないでしょうか。そのため，話はより小難しく，しつこくなっていったのかもしれません。

私が言った「そういうこともあるよね」が彼を安心させ，自信をもつことに繋がったのであれば，どのような話し方をする相手であっても，伝えようとすることをただ受けとめようとするだけでよいのかなと思いました。

2　「なぜ，僕は苦しむのだろう」

近年になり，アスペルガー症候群や高機能自閉症といった自閉症スペクトラム障害がある人々が施設を利用することが増えてきました。吉田さんと同じように，彼らの多くは，幼いころからの育ちの中で障がいがあると気づかれず，しかし何らかの生きにくさを抱えながら成長し，大人になってから障がいという診断を受けた人々です。しかし，彼らは障がいという診断を自分たちの人生にいきなり侵入してきた「（彼らの言葉を借りれば）違和感をおぼえる何かわからないもの」だととらえ，排除しなくてはならない，受け入れがたい理解できないものとして診断そのものにこだわることがあります。そして，生活のためや就労するときのために障がいの診断を「自分を守る道具」として使わざるを得ないことに苦しみ生きている人々もいます。彼らは，「障がい」という診断によって，自分自身の人生を「生きられていない」と感じることがあります。そして，この「何かわからないもの」を彼らの人生の外側から「突然やってきた」と考えています。ここで紹介する吉村純一さん（仮名　20歳代）も世の中のすべてのものから迫害を受けていると考えています。ここでは，吉村さんの事例から彼が何に苦しんでいたのかを考えます（森岡・山本，2014）。

第4章　障がいという言葉に対する「違和感」

「僕の方が障がいですか？」

　吉村純一さんは成人になってからアスペルガー症候群と診断を受け，現在は就労支援施設を利用しています。

　　僕がどうして障がいなのかいまだに納得いきません。なんで，こんな施設を利用しなくてはいけないのでしょうか。僕は普通に生きてきて，これからしたいこともいっぱいあったのに全部失ったような気持ちになって，いてもたってもいられないときがあります。

　吉村さんは，公立の普通高校を卒業したのち，専門学校でコンピューターの資格を取り，中堅の会社に就職しました。しかし，人間関係がうまくいかず離転職を繰り返した結果，抑うつ状態を示すようになり，しばらく家に引きこもっていました。心配した家族の勧めもあり，医療機関でアスペルガー症候群という診断を受けて，就労支援サービスを利用するようになったのです。吉村さんのように中途から障がいの診断を受け施設を利用する人々の中には，「自分が人とうまくいかず仕事を転々としたのは，『障がい』があったからなのだ」と納得し，施設での研修に前向きに取り組もうとする人もいます。しかし，「なぜ自分が」という思いから逃れられず，次々に不適応行動を繰り返し，家族や職員，そして自分を攻撃し苦しむ人も少なくはありません。

　　おかしくないですか？　僕が仕事を転々としたのは，酷いいじめがあったからでしょう？　抗議したって相手にされない。「お前が悪いから」って言われて，毎日毎日いじめられて，そこにずっといられる人って…。そういう人を「正常」っていうのなら僕は「障がい」かもしれませんが，それってやっぱりおかしくないですか？

　吉村さんは障がいがあると診断されたことや施設を利用していることに納得がいかず，担当の職員に毎日こう訴えていました。担当の職員である笹谷美香さん（仮名　30歳代）は，吉村さんが訴えるたびに「吉村さんの気持ちはわかります。でも，心理検査からは苦手な部分があるって出ているので，障がい

71

云々とは考えないで，その部分をここでトレーニングして，できるようになって，もう一度，社会に出ていく。そのお手伝いを私たちはしたいと思っているので，一緒に頑張りましょう」と答えていました。

　一度こんなところを利用して，おまけに障がいの診断までつけば，自分の人生は終わりってことじゃないのですか。あなたは僕に何を提供してくれるのですか。僕の人生に何かを与えてくれる力はあるのですか。

　吉村さんは笹谷さんの言葉には納得しませんでした。笹谷さんは，「吉村さんの気持ちがとても理解できるのだけれど，吉村さんの自分の人生への怒りがとても強くて。私に怒ってるんじゃないとはわかるのですけど，私自身の職員としての能力のなさを責められているようで苦しくなりますし，答えに詰まることもあって，とてもしんどいです」と語っていました。また，「吉村さんのこういうところが，今までの離転職の原因になったのじゃないかと思うこともあります。とにかく，自分のことを対象化して見られず，何かうまくいかないと人のせいにする。ここが吉村さんの弱い部分なのでしょうね。ここにどうアプローチしていけばよいのか。とにかく何を言っても怒るし，依存が強いので，職員としての距離を取るのが難しいです」と困惑していました。そうしたある日，笹谷さんから相談したいことがあると連絡が来ました。

　吉村さんは専門的な知識も豊富だし，世の中も私以上に知っているし，このままではもったいないという思いもあり，吉村さんの社会性さえ育てば，また社会に戻ってうまく生きていってくださるんじゃないかと，そこにSSTを使ったり，研修の中で吉村さんが人を怒らせるようなことを言ったときには「相手の気持ちになってみてください。吉村さんはもう少し同じことを伝えるにも言い方があったのではないですか」などと，いろいろアプローチすることにしたんですが…。吉村さんが，私に言ったことは，「そこができないから障がいなんじゃないですか。周囲が配慮するのが当たり前なんじゃないですか。僕が変わらなくちゃいけないんですか」とい

第4章 障がいという言葉に対する「違和感」

う言葉で，私はすっかりわからなくなってしまいました。あれだけ，障がいに抵抗があって毎日毎日私に訴えて，私も一生懸命考えて，でも答えはなくて。なのに，なんかこういうときだけ「僕は障がいなんだから，周囲が配慮すべきだ」とおっしゃることに，私自身が参ってしまって。なんか，都合のよい人だなと思ってしまって…，職員はそんなことを思ったらだめなんでしょうけど。「ずるいなあ」という思いになってしまいました。

私は笹谷さんの話を聴いて，あらためて障がいという診断が個人の人生に大きな影響を与えるのだと考えました。私はかつて，障がいの診断を「受け入れがたい」「自分のどこがそうなのかわからない」と語る子どもの声を聴きました（山本，2011）。そこで子どもが語ってくれた思いと吉村さんの思いが重なるように思いました。

吉村さんにとって，「障がい」はそれこそ，外側から急に自分の内部に侵入してきた受け入れがたく，違和感をおぼえる不確かなものであったのでしょう。そしてそれは，周囲にいる他者からの自分に対するいじめともいえるような否定的な態度に対する自分の反応が，「障がい」と言われることへの受け入れがたさだったようにも思います。吉村さんにとっては，いじめに対して抗議を申し立てるといった当たり前の行動が「障がい特性によるもの」と言われ，ひとり世の中から「排除」されたように映ったのかもしれません。そのため，吉村さんはどうしようもない社会の構造の中で，そして自分にとって危機的な状況の中で，自分自身を守るために，「障がい」の診断を使ったのではないでしょうか。吉村さんが自分の人生を生きるために，あれほど否定していた「障がい」を使わざるを得ないと判断したこと。笹谷さんにとっては「ずるい」と感じたこと。それはけっして2人の間の問題ではなく，私たち周囲の人間すべてに突きつけられたとても大事な「問い」ではないでしょうか。

支援者が考える「障がい」

笹谷さんは吉村さんとの話の中で生じてきた複雑な思いを抱えながらも，職

員として吉村さんの支援に懸命に尽力しているように見えました。吉村さんは施設で何度も何度も不安定になり，周囲の利用者さんを巻き込み，大声を出したり，備品を壊したりしました。そんなとき，吉村さんは笹谷さんに「僕がこうなるのは，昔のいろいろなことを思い出したりして，苦しくなるのです。フラッシュバックだと思います」と言い，笹谷さんが「辛いときには休憩をとってくださいね。ゆっくりやってくださったら大丈夫ですから」と答えると，「僕が落ち込んでしまったり，感情が不安定になったら，それは笹谷さんの支援がうまくいかなかったということですよ。僕が職員なら笹谷さんよりもっと上手に支援できます。もっと，利用者の立場に立った支援を心掛けるべきです」などと言われることがあり，「もう，職員を辞めたくなります」と訴えることも増えてきました。笹谷さんは私にこう語りました。

　　難しいですね。発達障害の人は難しいです。今まで重度の知的障害の人の支援では感じたことのない感情が湧き上がってきます。言葉は通じ合っているはずなのに，どうしてもわかり合えないですね。どうしたらよいのでしょうか。たしかに吉村さんは，昔，大変だったというのは私も十分わかっているから，何とかこれからよい方向に進めるようにと一生懸命支援しているつもりなのに，それをちっともわかってくれないというか。本人に少し自分や周囲を見る力があれば，すいぶんと違うんでしょうが。まったく，見えていないところがありますね。他人ばっかり責めて，自分の悪いところが見えていない。こんなことを言ったらだめなんでしょうが，吉村さんがじつは「障がい」ではなくて，ただの「性格の悪い人」だったら，私はぜったいにかかわりたくないと思ってしまいます。

やり場のない思いの中で

　発達障害とは何か，どう対応すればうまくいくのか，など決まった答えがあるはずはありません。外側からは見えず，本人からも「どこにそれがあるのかわからない」と語られることもある障がいです。そして，笹谷さんが言うよう

に状況によってはただの「性格の悪い人」と映ることもあるのでしょう。しかし，この非常に曖昧な不確かな世界の中で，ただ一ついえることは，吉村さんが今の状況に非常に戸惑い困っていて，それを何とかしたいと深く考えていることでした。

　吉村さんが利用していた施設は，棟は違えども，重度の知的障害がある人から吉村さんのようにいったんは社会にでたものの発達障害があるために生きにくい人生を送ってきた人まで，様々な人が利用しています。吉村さんはときどき，重度知的障害の棟に行ってそこを利用する人たちに辛辣な言葉を発してくることがあります。職員からすればそこに吉村さんの苦悩は見えず，「やはり発達障害者だから人の気持ちがわからないのだ」と吉村さんに対して湧き上がってくる苦い思いを飲み込まなくてはならなくなります。なぜならば，そこに，言い返すことが難しい人たちをいじめている性格の悪い人がいるように見えるからです。しかし，他者をいじめる人は，自分が安定した満足できる世界を生きてはいません。自分の人生に苦しんでいて，その苦しみを自分より弱い人に向けるのです。こうした側面を見ることは，吉村さんの言動に辟易し，それでも指導をしなければならないと思い込んでいる支援者には難しいことかもしれません。

　笹谷さんは吉村さんのことで私に相談をするときには，必ず何度も繰り返し見てきた吉村さんのアセスメントの結果を前に置きます。笹谷さんの話を聴きながら，私にはそれがあたかも笹谷さんを守る「何か」のように見えることがあります。笹谷さんにとってそのアセスメントの結果が，「吉村さんは障がいだから仕方ない」と自分に言い聞かせるお守りのように見えるのです。

「障がい」という言葉がもたらすもの

　「障がい」という言葉は，そう診断されていない私たちが想像する以上に，発達障害の当事者を苦しめているものだと思います。吉村さんだけではなく，施設を利用する他の発達障害の人たちからも，「障がいと言われたことで，いままでの自分は何だったのか整理できない」「いらいらする」「何かに腹が立

つ」といったネガティヴな語りが出てくることは珍しくはありません（山本，2014）。

　これは，自分を対象化して見られない「あなた」の「弱さ」だと受け取ることもできるかもしれませんが，いずれにしてもそのような思いが，相談の場において，彼らの人生を一緒に考えていくことを阻害する場合も少なくはありません。「あなた」は，育ちの中での様々な苦痛を伴う経験が「障がい」によるものであったと言われすっかり自信をなくし，前を向く力を失っていることが多いからです。そして，自分たちが違和感を覚える「不確かなもの」を生きるために使わなくてはならない場合も出てきます。彼らの語りからは，「あなた」がいかに混乱し苦しんでいるのかが伝わってきます。

　もし，「あなた」を取り巻く周囲の他者が少しだけ，「あなた」の生き方に関心を向け，「あなた」の声を聴いてくれるならば，「あなた」は自分の弱さに気づき，自らの力で克服していくのではないかと考えることもあります。そうであれば，「あなた」にとってそこに「障がい」という診断は必ずしも必要ではないのかもしれません。

　しかし，一方で，「あなた」が育ちの中で抱えた「生きにくさ」を生きてきた結果生じた「あなた」特有のコミュニケーションに苦慮する支援者や周囲の人間にとっては，「障がい」という診断が，「あなた」と生きるために自分たちを守る「防波堤」となっていることも否めません。そして，この防波堤が，私たちを「（発達障害がある）人の気持ちがわからない人間」にしていないことを祈ります。

第 5 章

就労に向けての支援に生じた行き違い
──「あなたのため」は誰のため？──

1 発達障害がある人が語る「夢」を諦めない

　ここでは，障がい者支援施設の就労移行支援事業を利用していた森井豊さん（仮名　20歳代）の事例から，発達に障がいがある人には就労においてどのような困難があるのかについて私たちの側の問題も含めて紹介します（山本ほか，2013）。

就労を支援する施設
　福祉施設の中には，障がいがある人の就労を支援する場所があります。施設に通いながら施設が運営している仕事を通して，一般企業で働くための意欲や社会性，社会で通用する常識やマナーを身につけてもらうことを目的としている場所です。障がいがある人の希望やスキルによって就労移行支援事業所，就労継続支援事業所（A型，B型）があります。就労移行支援事業所では，事業所によっては内容が異なりますが，基本的には働くために必要な知識や能力を身につけること，ビジネスマナーの習得や，職場に定着するための持続力を高めることを目的とした訓練をしています。就労継続支援事業所（A型，B型）の場合は，企業などに雇用されることが難しい障がい者に就労の機会を提供し，最終的には一般就労に移行できるように，生産活動や就労のための知識や能力を向上させることを目的としています。なお，就労継続支援事業所A型では，施設と雇用契約を結びますが，就労継続支援事業所B型では施設との雇用契約はありません。就労継続支援事業のA型や，就労移行支援を利用する人のほと

んどが軽度の知的障害がある人であるため，職員との意思疎通にそれほどの困難はありません。しかし，意思疎通が可能だからといって，職員が利用者の真意を受け取っているとは限らないのです。つまり，職員がしたい支援と利用者が求める支援との間に行き違いが生じることも珍しくはありません。

森井さんと療育手帳

　森井さんが利用していた就労移行支援事業所の利用期間は2年間と決まっていますので，その期間内にどこかに就職をしなければならない，させなければならないと森井さんも職員も少なからず焦りがあったように思います。

　森井さんが療育手帳を取得したのは5年前の20歳代前半のときでした。森井さんは小学校，中学校の通常学級で教育を受けた後，地元の公立高校を卒業しました。高校を卒業してから，いくつもの仕事を経験しました。しかし，就職した職場では人間関係にかなりの困難を抱えたようで離転職を繰り返すことになりました。最後に離職してからしばらく家にいましたが，家族や周囲の人たちから勧められて病院を受診し，アスペルガー症候群と軽度の知的障害があると診断され療育手帳を取得しました。

　森井さんにとってはこの療育手帳を取得したという経験は，ずいぶんと苦しいものだったと言います。森井さんのように，幼いころには特性の違いに気づかれず，しかし何らかの生きにくさを抱えながら成長し，大人になってから障がい認定を受ける人は少なくありません。生きやすくなるための制度を利用するためだとしてもなかなか受け入れがたいものであるようです。もちろん，社会生活においての生きにくさが大きい場合は，本人もなんとなく安心したり，前向きに進もうと考えたりする場合もあります。しかし，人生の中途で障がいの認定を受けて施設に通うことに対してそれなりの折り合いをつけ，自分の障がいを受け入れているように見える人でも，心の中に「何かしらの傷つき」を抱えていると語ることがあります。私が彼らの立場になって考えても，「それはそうだろう」と思います。何かしらの困難の末にある日突然に，「今まで生きにくかったでしょう。それはあなたに障がいがあったからです。これからは

支援の枠の中で，より暮らしやすい生活を探していきましょう」と言われても，「はい，お願いします」とは言い難いことです。望月（1997：116-149）も，障がいがある人への就労支援の中で，中途から療育手帳を取得した人たち，療育手帳を考えはしたが取得しなかった人たちの傷つきについて指摘しています。たとえば，就労に困難を抱えながらも，結局，療育手帳を取得しなかったある男性は「手帳は取る気はなかったんです」「なんとなく，かっこ悪い」という気持ちが強かったと語っています（望月，1997：135）。

成人になってから診断を受けること

　近年，成人になってから自閉症スペクトラム障害や軽度の知的障害と診断された人たちが増加しています。成人になってから診断を受けた人たちを事業所に受け入れる場合は，従来の重度の障がい者を対象とした支援で蓄積した知見を参考にすることができず，新たな支援の方法を考えていかなければなりません。なぜならば，彼らはそれまでの人生の中で考えてきた「自分」や「生きたい自分」に対するビジョンを明確にもっていることが多いのですが，彼らの特性からそのビジョンを現実のものにすることが難しいからです。

　たとえば，看護師の免許をもっているので，看護師として生きたいという希望があったとしても，看護師という職業の性質を考えると，「ではそれでいきましょう」とは言えない場合があります。なぜならば，本人が他者視点取得やコミュニケーションに困難を抱え，人間関係を構築することが難しい場合には，たとえ看護師としての腕がよくても，患者やその家族，同僚との関係の中で，叱られたり，否定されたりと，本人がまた苦しい思いを抱えるのではないかと考えるからです。また，対人援助職なので，当然，本人のコミュニケーションのあり方が相手を不快にさせては申し訳ないという思いがあります。

　しかし，職員が本人の障がい特性から「この職種は難しい」と判断し，「障がい特性にあった違う職種を探す」ということは，看護師として働きたいという本人の希望を支援できないことになります。これでは，もともとの「個人の自己決定や意思を支えたい」を基本にした支援にはならず，職員も悩むところ

だと思います。

人と接する仕事がしたい

　森井さんは，実習先を決める話し合いのときに，職員に「〇〇（人と接する仕事）がしたい」と言いました。自分は人と接したり，話したりすることが好きだからということが理由でした。しかし，森井さんが希望する職種はかなり高度なコミュニケーション力が要求されるものであり，森井さんの特性から難しいのではないかと多くの職員は思いました。森井さんは事業所でも他の利用者や職員との間でしばしばトラブルを起こしていたからです。

　たとえば，森井さんは仕事中であろうがおかまいなしに一方的に話をし，相手がどう思っているのかになかなか気付けません。相手が，「今，仕事中だから，おしゃべりはそのへんにしておいて」などと注意をすれば，それを自分の人格全体を否定されたことと受け取って喧嘩になりました。職員たちは，森井さんのこうした特性がそれまでの離転職につながってきたのではないかという思いがあったので，異なる職種を勧めるのですが，森井さんは納得をしません。この件がきっかけで，森井さんと職員の間では，何度も対立が生じ，森井さんは「職員は信用できない」，職員は「森井さんは自分がわかっていない」ということになっていきました。

森井さんと職員の間のズレ

　職員が森井さんに「よかれ」と思って行動していることは，森井さんにとっては「自分の将来の邪魔をしていること」と受け取られます。そうなると職員は「一生懸命森井さんの将来を考えているのに何も理解してくれない」という思いを抱えることとなり，お互いに被害的な感情を生じさせることになっていきました。森井さんの支援に関しては，施設で何度も話し合いが行われたそうです。話し合いも最終的には，自分たちの予想だけで森井さんの将来を決めることはやめよう，本人の「意思」や「自己決定」を尊重し，本人が望む「人と接することができる」仕事を探し，就労が根付くように支援していこうという

方向に決まりました。そして，森井さんは200X年に希望していた仕事につきました。新しい職場にも森井さんの特性を何度も説明し，理解を得ていました。こうして，職員たちも，一抹の不安を残しながらも，何かあればすぐに支援に入れるように準備し，森井さんを送り出したのです。

第1回目の就労の中で

　森井さんの新しい仕事場からは一日に何度も苦情の電話が施設に入りました。森井さんの障がい特性を理解して雇用してくれた職場でも，森井さんの行動は受け入れがたいものであったようです。具体的には，「つねにおしゃべりしている」「相手がお客さんであっても，同僚であっても一方的に冗長に話し，相手が聞いていない，あるいは聞き流したと感じれば，暴言を吐き，ときに暴力的な行為に及ぶ。なんとかしてほしい」「少し注意をすると反抗的な態度を取り，ふてくされてしまい仕事を放棄する」などというものでした。担当職員は，電話のたびに，森井さんの職場を訪れ，詳細に話を聴きましたが，なかなか着地点をみつけることができませんでした。そのうちに森井さんと新しい職場の人間関係は崩れていきました。担当の職員が森井さんの処遇に苦慮していたとき，ある事件が起きました。私と一緒に森井さんをサポートしていた担当職員が書いたものがあるので一部を紹介します（阪本，2010：43-45）（本書に合わせて名前・職業や文章表現に若干の修正を加えています）。

担当職員の思い

　　森井さんは，…（中略）…家族の意思での手帳取得だったため，本人は障がい受容ができないまま当ワークサポートセンターに通うことになりました。言葉での意思疎通や作業能力に問題はありませんでした。ただ，今までの生育歴や生活環境によるものなのか，コミュニケーションがしっかりとれているのか判断しにくいと思える様子がありました。

　　「就労移行支援事業」を利用し，ワークサポートセンターでは半年程，

本人の長所ややる気を引き出す形で支援をし，年に1度開催されるハローワーク主催の「障がい者面接会」に参加して頂きました。第一印象が良く，受け答えもしっかりしているので，4社中3社は二次面接まで進みました。○○の資格を持っていたので，結果的に○○（人と接する仕事）に就職が決まりました。

　面接会での面接は，森井さんに関しては，本人主体でするということ，また他の利用者との兼ね合いもあり，私たちスタッフが引率せずに1人で面接を受けて頂きました。二次面接，三次面接はスタッフが同行しましたが，本人の就職したい想いを信じて，「本人はしっかりがんばります」と背中を押しました。(阪本，2010：43)

　この当時，森井さんは希望の職種に就くことができたことや，職員が森井さんを信じて送り出してくれたことをとても喜んでいました。また，面接に合格したことで，他者から認められた自分を感じることができたようで，仕事への意欲を積極的に語ってもいました。担当の職員は，森井さんの就業における困難性について，新しい職場と連携しながら，「トライアル雇用期間」も含めて今後も見守っていくことを要望しましたが，森井さんが就職した○○では，トライアル雇用を利用せずに他の従業員と同じように正式採用にしたいという話でした。さらに，今後の連携についても，「とくに必要がない」と言われたため，職員にとっては一抹の不安を覚えながらの就職でした。

　森井さんの職場は，対人援助が主体になる職場でした。森井さんはそこで，対人援助補助として採用されました。森井さんの仕事はコップ洗いやトイレ掃除，ゴミ捨てといった雑務が主でした。直接利用客とのかかわりは少ない仕事ではありましたが，どの仕事もそこで生活している利用客にとっては，生活の質にかかわってくる重要な仕事でした。他の従業員が忙しく仕事をする傍ら，森井さんなりに工夫をしながら与えられた仕事をしていたようですが，スピードが遅かったり，やり方が異なっていたりして注意されることも少なくなかったといいます。そのため，就職後の連携については希望していなかった職場か

ら，森井さんへの対応についてたびたび相談の電話が入るようになったのです。そのつど，担当職員は，職場の担当者の話を聞きに行きました。しかし，森井さんがどのような様子で仕事をしているのか，職場の環境はどうなのか，他の従業員とのかかわりはどうなのかについて，実際の現場に入って観察することはできませんでした。現場に入ることができれば，本人にもアドバイスができると思ったようですが，この職場では，現場への介入は可能ではなかったそうです。ただ，事務所で職場の上司から森井さんについての話を聞き，その話に基づいた注意や助言を森井さんに伝えることしかできなかったといいます。

「私を『障がい者』として扱ってください」

　そんな日々の中，一つの興味深い出来事がありました。それは，叱られてばかりだと感じていた森井さんが，職場の人にメモ書きを渡したのです。内容は，「私を『障がい者』として扱ってください。特別扱いをしてください」というものでした。このメモ書きは何を意味したのか，どういう意図があったのか。私はこのことに関して，あれほど拒否し抵抗をしていた「障がい者というラベル」を用いてまでも，森井さんはその職場で働きたかったのだろうと悲しくなりました。なぜならば，森井さんは，この就職が決まるきっかけとなった「障がい者面接会」に行ったときに，私にこっそりとこんなことを言っていたからです。「自分がなぜこの場にいるのかが納得できない」と。障がい受容ができないでいることについて，直接私に打ち明けてくれたのです。私はそのとき，「今は就職が難しい時代だから，どんな機会でもチャンスとして挑戦してみよう。こういう（障がい者の）面接会だから，自分は有利だと思って自信を持って面接しておいで」と返事をしました。「障がい」という言葉の持つ印象が，森井さんの中では「良い」ものではないことは確かであり，葛藤となっていることが分かります。そんな葛藤を抱えつつ，メモ書きによる「障がい者発言」は，森井さんにとっては考えた末の訴えだったように思うのです。(阪本，2010:

44)

　この「私を『障がい者』として扱ってください。特別扱いをしてください」という言葉には私も胸を打たれました。中途から療育手帳を取得し，その取得を心から納得せず，拒否し抵抗しながら自己評価を著しく低下させていった森井さんがどのような思いで，この言葉を語ったのか。森井さんが生きている世界はどのような世界だったのかと思うと切ない思いがします。

　その後，森井さんの支援に関しては他機関を巻き込みながら，様々な専門的な視点からどのように森井さんを支援すればよいのか，どのように森井さんの職場にアプローチすればよいのか，について何度もカンファレンスが行われていました。その矢先にある事件が起こってしまいました。

ある事件

　　　ハローワークの上席指導官によって，森井さんの職場に電話を入れてもらったその日に，「至急来て下さい！」と施設に電話が入りました。私はすぐに車を走らせ，森井さんの職場に向かいました。嫌な予感を胸に秘めながら。
　　　職場に到着すると，担当の職員が深刻な顔をして出迎えてくれました。「実はお客さんに対して度が過ぎた行為がありました」との報告に，ショックで言葉が出ませんでした。出来事の一部始終の説明を受けた後に，別室で待機していた森井さんに理由や状況を伺いました。前々から暴言の対象になった利用客の言動には腹が立っていた，2週間前位から，その利用客にたびたび暴言を吐いていた，仕事のストレスでその人に八つ当たりをしてしまったと，森井さんは話をされました。私たちが森井さんをしっかり支えてあげることができていたら，仕事のストレスを軽くできていたら，利用者を傷つけるような暴言までには至らなかったのだろうかと，数年経った今でも支援者としての対応について考えさせられます。
　　　この出来事は，…（中略）…単に，「森井さんが障がい者だからそうな

った」とは考えられません。しかし，コミュニケーションに不安があることが，森井さんの社会生活において「障がい」となり，結果的に「障がい」が原因だと言ってもおかしくないと考えると心苦しい想いがします。

　私は今回のケースで，私たちの支援の工夫や方法によって森井さんの職場環境は変わる余地があったのではないかと感じています。

　私たち支援者が，様々な支援に踏み出すタイミングを見極め，森井さんの気持ちの変化に敏感に対応する必要があったのではないでしょうか。私たちは，けっしてその点を怠った訳ではないですが，森井さんの背景にある様々な状況や心理的側面をより理解したうえで，森井さんと相談しながら，支援の方法を一緒に模索していけば良かったと思っています。(阪本，2010：45)

　担当職員が様々な関係支援機関の協力を得て，森井さんが職場に定着できるように動いていた矢先にこういった事件が起きてしまったことは私も残念でたまりませんでした。森井さんが就職する前に，担当職員から新しい職場に対して「森井さんにはこういう特性がありますのでこう支援してください」といった具体的な説明や支援の方法について説明をしていたそうですが，職場の理解を得ることが難しかったと言います。職場では「障がいとは聞いていたけれど，定型発達と変わりがないのではないか」と思っていたそうで，この思いが森井さんに対する適切な対応を受ける機会を失わせたのかもしれません。

　森井さんはこの職場を辞めました。森井さんにとってはあれほど切望し，期待した末に就職した職場での挫折でした。森井さん自身の行為に非があったとはいえ，無念なことだったと思います。施設に帰ってきた森井さんの中では「こうなったのは職場や職員のせい」「自分は犠牲者」という思いが大きくなったようで，施設での人間関係にさらなる問題を積み重ねていきました。森井さんは辞職のきっかけになった事件の詳細を知らないと思っている私にも「えらい目にあいましたよ」などと教えてくれました。

施設に帰ってきた森井さん

　森井さんはその後，経理の専門学校に通いしばらく施設には戻ってきませんでした。何か月かを専門学校で過ごし施設に帰ってきた森井さんは，職員が用意していた施設の就労移行支援事業の中で展開している仕事に従事することになりました。この仕事は施設の利用者が一般企業に就職するまでの訓練事業の一環として位置づけられているものなので，賃金は安く，同僚は森井さんよりも重い障がいがある人たちでした。

　前回の就職のときには，「私を『障がい者』として扱ってほしい」と言った森井さんでしたが，職員は森井さんがより深く障がい者であることにこだわっているように感じていました。それというのも，第4章で紹介した吉村さんと同じように，施設を利用している自分より重い障がいがある人たちに，差別的あるいは自分の「やるせなさ」をぶつける言動が増え，そこでも関係が崩れていったからです。重度の障がいがある利用者の中には，森井さんの顔をみるたびに状態が不安定になる人も出てきました。

　このころの森井さんへの対応として，再度受けた発達検査の結果からうかがわれる苦手な部分を森井さん自身に知ってもらいたいと思い，森井さんが問題行動を示すたびに問題が起こった状況や人間関係を図に描き，部分間の関係を線で結ぶなどして細かく説明していました。しかしそのときはいったん理解しているように見えるのですが，違う場面でそれを一般化して状況にあわせることが難しいようでした。そのため，外側から見ていると同じことを繰り返しているように見えました。こうした関係の中で森井さんも職員も疲れていきました。さらに，話し合いの中でも，いったん自分を否定されていると感じると，話も聞いてもらえなくなるということがしばしばあったようです。

第2回目の就労の中で

　この時点で，しばらく一般就労は難しいかもしれないという意見が職員の間で出始めました。そこで，ある職員から，「法人が経営するレストランで掃除の仕事をしてもらい，社会的なスキルを磨いてもらってはどうか」という意見

が出ました。森井さんは車の運転ができるし，その仕事は法人内とはいえ，障がいがない人も勤務しているため，一般就労と同じ時給が支払われます。その上，森井さん自身のペースで仕事ができる職種であるため，前回の就職で心に傷をおった森井さんにとっては，次の就労にむかうトライアル期間という意味もありました。

　森井さんは私たちの提案を受け入れましたが，仕事内容が直接人とかかわることではないことや，一般就労ではないことを理由にいま一つ積極的な姿勢はみせませんでした。職員は森井さんがこの仕事を喜んではいないことはわかりましたが，現在のように不安定な状態の森井さんには，希望する仕事に就く前に必要なスキルを身につけるには適した仕事だと判断し勧めました。森井さんもその勧めに不本意ながら応じ仕事が始まりました。

対人関係でのいざこざ

　森井さんはここでも対人関係がうまくいきませんでした。はじめて掃除の仕事に従事した森井さんは一生懸命に遂行しようとするのですが，どうしても汚れを残したまま仕事を終わってしまうことがありました。そこで，前から働いている人が「こうしたらもっときれいになる」「こうしなくちゃいけない」と教えてくれることになります。これは，初心者にとってはごく一般的な指導だと思います。先輩が後輩に仕事を教え，後輩はそれを学んで仕事に慣れてゆき，より賃金に見合う仕事ができるようになっていく。その当たり前のことが，森井さんには「自分を否定している」「馬鹿にしている」と感じられたようです。ある日，「馬鹿にしやがって，もう仕事は辞めた」「こんな仕事したくもなかったし」と掃除道具を放り出して仕事場を離れ家に帰ってしまいました。一般就労でこの反応を示すと，「じゃあ，もう辞めてください」ということになるのでしょうが，法人内の職場であるため，職員がそのケアに当たることになりました。「馬鹿にしているわけではけっしてない」「仕事を覚えるためにみんなが通る道だ」と説明したそうですが，ケアに当たった職員には随分と暴言を吐き，助言を受け入れることはなかったといいます。

第Ⅱ部　実践の中のナラティヴ

新たな課題

　森井さんの就労支援に関して新たな課題が出てきました。森井さんが仕事における注意や助言を受ける耐性が育っていないということもありますが，職員の側が，森井さんを見て，しだいに「私たちが馬鹿にされているのではないか」「本当はぜんぶわかっていて，わざとわからないように振る舞い，たんに反抗しているだけなのではないか」といった被害的な感情を示すようになってきたのです。さらに，この掃除の仕事はもともと「森井さんが決めた仕事」や「したい仕事」ではなく，職員が森井さんの特性を配慮し暫定的に「これならできるのではないかと決めた仕事」であったことも，森井さんが「仕事を覚え，うまくやっていこう」と意欲的にならなかった理由の一つでした。森井さんはつねに「したくない仕事を無理にやらされている」と同僚や家族に語っていたそうです。

　森井さんは5年前に療育手帳を取得したとはいえ，外側からは障がいがあるようにはみえません。言葉も流暢に話し，ユーモアもあり，いろいろな語彙を知っているし，一見，会話が成り立っているように感じます。長く話をすれば，森井さん独特のコミュニケーションの特徴が現れてくるのですが，仕事に対する注意や助言などといった短いコミュニケーションの中では，その障がいをうかがい知ることは難しいと思います。そのため，森井さんに深くかかわってきた職員でも，「森井さんは定型発達者であり，自分たちのいうことを曲解し，反抗する人」と錯覚してしまうこともあったのだと思います。

　第1回目の就労の場合も，障がい名と特性をしっかりと伝え，職場の人に理解してもらったと思っていても，真の理解を得ることはできませんでした。今回も，支援のプロである職員でも，森井さんは自分たちを攻撃する人だととらえ，その防衛のために森井さんへの声掛けや態度が厳しくなっていったともいえます。森井さんの人生の中で何度も生じてきた負のスパイラル（攻撃されるから防衛する。防衛するために攻撃する）に入る前に掃除の仕事は中止され，再び施設に戻ってきました。

　本来であれば，支援者は森井さんが希望する「人と接する仕事」に就けるよ

うに支援しなければならないのですが，掃除の仕事は森井さんの行動特性に適した仕事を探すという意味合いが強かったせいで上手くはいきませんでした。職員からすれば，森井さんに人との関係の中でこれ以上辛い思いをさせたくないという思いからだったのですが，その思いは森井さんには受け入れられませんでした。

新たな就労に向けて森井さんの「夢」を諦めない

　私たちは森井さんの「人と接する仕事がしたい」という「夢」をもう一度可能にしたいと考えるようになってきました。そのため，最初から森井さんの支援計画を組み立てなおすことにしたのです。しかし，その当時，肝心の森井さんが，どんな言葉も入らないほど不安定な状態を示していましたので，その不安定さの原因を取り除くことが先決だと考えました。そこでまず，森井さんの言動を日々の暮らしの中で中核的な症状と周辺的な症状に分けてとらえ直してみることにしたのです。たとえば，森井さんが示す「暴言」や「暴力的行為」などは，森井さんの中核症状に対する周囲の対応への反応，つまり周辺的な症状ととらえました。もともと人間関係を築くことや，コミュニケーションに困難があっても，周囲の対応次第で森井さんの「暴言」や「暴力的な行為」はなくなっていくのではないかと考えました。そのため，森井さんの就労の妨げとなる周辺的な症状を紙に書いてみることにしたのです。もちろん，森井さんにはとてもよい面はたくさんあったのですが，職員はそのよい面に気づくことができないほど疲弊していました。そのため，当面の目標である就労に向けて就労の妨げとなる症状のみを整理しました。そして，森井さんの周辺症状をより複雑にし，ネガティヴな方向に大きく傾かせた理由に，人生の途中から療育手帳を取得したことへの傷つきや自己評価の低下があることを理解しました。

森井さんの中核症状と周辺症状

　森井さんの中核的な症状と考えられるものは，心理テスト（WAIS-R）の結果から，対人場面での不器用さ，言語理解の低さ，常識的判断力の低さがあり

ました。それらの中核的な症状が，暴力や暴言，嫌がらせ，いたずら，挨拶しない，返事をしない，指示を聞かない，ものを乱暴に扱う等の反抗的な態度などの周辺症状につながるのだと考えられました。

　森井さんの周辺症状をみると，一般的な社会が求めている就労条件に合っていないため就労が根づきにくいということがわかります。ただ，検査結果からみえてくる対人場面での不器用さや言語理解の低さ，常識的な判断力の低さだけが，森井さんを就労，とくに良好な対人関係能力が要求される職場から遠ざけている原因とは考えにくい面もありました。森井さんの自己評価の低さがその大きな原因になっているかもしれないと思われたのです。自己評価が低いと新しいことに挑戦できなかったり，低い自己評価をこれ以上さげまいと他者に対して攻撃的な態度をとったりする場合があると思います。そのため，それらの中核的な症状を十分に理解したかかわりを続けることによって，森井さんの自己評価をこれ以上低下させないことと，適切なかかわりによって自己効力感を高めてもらうことによって，森井さんをふたたび就労に結びつけることができるのではないかと考えました。仕事内容についても，私たちが「これなら森井さんに適しているだろう」と選ぶのではなく，人との関係に困難を抱えながらも，「人にかかわる仕事をしたい」という森井さんの「夢」を叶えるような支援内容に変更をしました。

森井さんへのかかわり方を変える

　これまでの，森井さんに対する支援のあり方を振り返ってみれば，森井さんは一見，職員が求めていることを理解しているように見えるので，森井さんには障がい特性があると頭では認識をしていても，実際のかかわりの中では，「どうしてわかってくれないのか」「ただ反抗しているだけなのか」と被害的な感情を抱くこともありました。たとえば，森井さんの中核的な症状と考えられる常識的な判断力の低さやそれまでの体験の少なさから，「掃除のモップは汚くなったら水で洗う」ということをせずに，泥だらけのモップで最後まで拭いてしまうことがあります。それまでは「何をやっているの。床がよけいに汚

くなったでしょう」「学校で掃除はしなかったの？」などと叱責するだけで，「モップはある程度拭いて汚くなったら一度水で洗ってからまた拭くようにしましょうね」などの丁寧な説明がされていませんでした。こうした職員の言動に対して，森井さんは，職員の言動の内容を受け取るのではなく自分に対する否定的な言葉や態度だけに反応し，暴言やモップを床に投げつけるなどの暴力的な行為で自分のやるせなさを表現していました。そうなると，職員から「モップを拾いなさい」「その態度はよくない」とさらなる指導が行われ，森井さんはその指導にふたたび反抗を繰り返すといった負のスパイラルに陥っていくことがつねでした。この点について，職員たちの中で，森井さんが自分の苦手な部分を克服していこう，職員の助言を受け入れようとするにはどうしたらよいのかという悩みが生まれてきました。そして，そのためには，森井さんの自己肯定感や達成感を育てていくしかないのではないかと思うようになったのです。

　森井さんの支援に関して何度も行われたカンファレンスの中で，ある職員から「いつも，できないところや，失敗したところばかりに注目して，注意したり，叱責したりすることがあったように思うので，今度はできたところ，よいところに注目して声掛けをしていきませんか」という提案が出されました。そこで，森井さんの状態が不安定になる前に何があったか，職員の対応はどうだったかについて，森井さんの生活の場での様子から観察し詳細にまとめてみようということになりました。するとこのような場面があることがわかりました。

場面1
森井さん：昼食を食べるのが遅く，昼からの仕事の出発準備（用具を確認するなど）に参加しない。
職員：「12時20分までに昼食を摂ってもらわないと困る」と注意する。
森井さん：注意した職員へ「うるさいわ。黙れ」と暴言を吐く。

場面2
森井さん：掃除中に，仕事場にある「非常ボタン」を押してしまう。

職員:「何をしているの。押したらだめでしょう」と注意する。
森井さん:納得いかないのか，注意されても何度も押してしまう。

場面3
森井さん:バケツの水を替えずに床を掃除していた。
職員:「なぜ水を替えないの」「ふつうは替えるでしょう」「替えてください」
森井さん:注意した職員に唾を吐いた。

場面4
森井さん:食堂で他の人の会話がうるさいので別室での食事を申し出た。
職員:規則なので,「あなただけ別室での食事はできない」と申し出を断った。
森井さん:職員の話を最後まで聞かずに，ふてくされてその場を離れる。

森井さんの言動が変化した

　これらのことから，森井さんにも日常生活上の問題はあるが，暴言や暴力的な行為に至る背景には，職員の声掛けの不適切さや，森井さんの自己評価をより低下させるようなかかわりがあったのではないかと考えられました。たとえば，森井さんが就労するにあたっての困難である「暴言・暴力」「いたずら」「嫌がらせ」や「反抗的態度」の背景には，もしかしたら，職員たちの「叱責」や「説明不足」があったり,「森井さんのできないことばかりに注目し注意してしまう」ということがあったのではないかと思ったのです。さらに，音に対して敏感であることもわかり，騒がしい環境の中に長時間いると，職員の優しい対応にも「うるさい」と反抗的な態度を取ることがわかりました。そこで，森井さんの中核的な症状からの困った行動に対して「叱責」や「注意」で対応するのではなく，森井さんが自分を否定されていると受け取らないように「声のトーン」を落としたり,「会話のスピード」をゆっくりにしたり,「何がいけなかったのか。どうすれば改善するか」について落ち着いた声掛けをするように努めました。その結果，職員の目を見て，話を聞こうとする姿勢に変わり，暴力や暴言は減少していきました。

第5章　就労に向けての支援に生じた行き違い

職員の思い込みをはずす

　職員が「森井さんにはわかっているはずだ」と勝手に思いこむことによって細かい説明を省いていたことも原因ではないかと考えられました。そのため，仕事の始めにゆっくりと森井さんが納得するまで丁寧に説明をするようになりました。その結果，掃除に関しても「今日はモップを使って掃除をしてくださいね」と声を掛けるだけで，モップが汚くなったら一度手を止めモップをきれいにしてから使うようになり，掃除のスキルは格段にあがっていきました。

　さらに，職員は森井さんの一般就労を目的にしていたため，「できない部分」を引き上げなくてはならないという意識を強くもっており，森井さんの「できない部分」にばかり注目し「もっと頑張らなくては」「もっと上手に」と声を掛けていたことを反省し，森井さんが「できること」「できたこと」に注目し「上手にできましたね」などとその都度，評価していくことにしました。

　その結果，職員から指示されたことだけではなく，自分が働く場所の全体を見て，「自分ができること」「助けてもらうとできそうなこと」を理解し，仕事に対して積極的・自発的に取り組むようになりました。また，施設は様々な障がい特性がある人々が利用しているので落ち着いた環境とは言い難い面もあります。森井さんはその騒がしい環境が自分の生活様式に馴染まないと不満をもっていることがわかったので，比較的落ち着いた棟を利用してもらうようにした結果，森井さん自身が大きな声や，乱暴な行為を表すことが減少しました。

　職員の取り組みを通して，森井さんは一般就労をするにあたり求められる職務遂行上の課題をある程度克服していきました。そしてこの克服できたということを職員だけではなく森井さん自身が「おれ，ちょっとだけ変わったよなぁ」と自覚するようになり，問題とされた行動はより減少していったのです。

変わることができたことを自信に

　「変わることができた」という体験から森井さんは「やればできる」という達成感と自己効力感を学んだように思えました。そして，職員も，自分たちの対応を森井さんの特性に応じて変化させるという方法は，他の障がいがある人

93

に対しても意義があることではないかと気づきました。そして，森井さんの事例を通して，障がいがある人の夢を支え，意思を尊重するという基本的な支援の中に自分たちの思い込みや障がいに対する考え方，社会一般の価値観などが大きく影響し，支援の対象となる人の意欲を奪っている可能性についても知ったのです。

森井さんが生きたかった「自分」を支える

　森井さんの事例には，森井さんは「どう生きたかったのか，そして，生きられたのか／生きられなかったのか」，職員は「森井さんにどのような支援をしたかったのか，支援できたのか／できなかったのか」という問いがありました。その「問い」に対する明確な答えを見いだしたとは言えませんが，少なくとも，簡単に「当事者性」「自己決定を支える」という言葉をわかった気になってはならないことがわかりました。当初，森井さんの「自己決定」は，「よかれ」と思う職員自身の「決定」にすり替わっていったように思えます。そのことによって，森井さんは「生きたい自分」を奪われたように感じたのではないでしょうか。

　そして，職員は，自分たちの「決定」が，障がいがある人の「自己決定」を阻害していることに気づかなかったのです。なぜかといえば，自分たちがしていることは森井さんにとって「よいことだ」と信じていたからです。これは福祉施設だけに当てはまることではなく，対人援助という仕事全般において，その人の夢や意思を支えるという行為が，支えようとする人自身の内面にある枠組みや価値観，信念や希望などと混ざり合って構成されていることに気づくことが重要だと思います。「気づくこと」によっていろいろなものが変化します。少なくとも，周囲の人間による「よかれ」と思っての「当事者不在の支援」や（山本，2011：67），「見当違いの支援」（山本，2011：2）も少なくなっていくのではないかと思います。

　対人援助の現場は，職員自身の臨床哲学が問われる場所でもあります。「当事者性」「自己決定」を支える支援は，生きる上での困難や不自由さを体験し

ている人その人を対象とした支援であり，職員自身が「したい支援」であってはならないのです。

2 面接に行かなかった理由

紆余曲折を経てからの診断

　山下哲司さん（仮名　28歳）は成人になってから広汎性発達障害（DSM‐5に改訂後は自閉症スペクトラム障害といわれるもの）と診断された男性です（山本，2015a）。私の調査に協力してくれているある就労移行支援の事業所を利用しています。

　山下さんは幼いころから少し他の子どもとは違う印象を周囲に与えながらも生活上の困難が少なかったため，小・中学校の普通学級を経て地元の公立高校に進学しました。しかし，その高校在学中に「空気が読めない奴」などと無視されたり，金品を奪われたり，暴力を振るわれたりなどのひどいいじめに遭い，結局，高校を中退することになりました。その後，長期間にわたって，家にひきこもる生活が続いたため，心配した家族がいろいろな機関に相談し，そこで勧められた医療機関で診断を受けたのです。

　診断を受けたときには，多少の抵抗はあったものの，「今の自分の状態よりもひどくなることはない」と受け入れたそうです。しかし，「障がいがあったために，あれだけのいじめを受けたと思うと，人と接することが怖くなった」「一生このまま何も変わることはないのだ」と不安にもなったと言います。しかし，家族や相談支援機関から「いつまでも家にいて，これからどうするのか」「割り切って施設で訓練を受けたほうがよい」などのアドバイスを受けたため，就労移行支援事業所を利用することになったのです。

「なぜ，こんなところに自分が」

　事業所を利用し始めたころは，同じように事業所を利用している障がいがある人と自分を比較し，「なぜ，こんなところに自分が」と悩み，ふとした瞬間

にいじめられていた過去が蘇り苦しんだそうです。山下さんだけではなく，高校・大学や専門学校などを卒業した後に離転職を繰り返し，成人になってから障がいの診断を受け，事業所や施設を利用する人も増えてきました。中には，前述の森井さんのように，どうしても自分自身の障がいを受け入れることができず，事業所のスタッフや施設の職員を責める人も珍しくはありません（山本，2014：170）。しかし，山下さんは自分自身の人生を立て直したいという思いが強かったため，スタッフの指導を積極的に受け入れようとしていたのです。

　山下さんはもともと理解力が高く，ものごとを器用にこなす人であったため，多少のこだわり行動はあるものの，一般就労で十分やっていけるとスタッフは思っていました。そのため，施設を利用して半年も経たない時期にある大企業のトライアル雇用に推薦しました。職種はデータの入力でした。障害者枠での採用でしたので，山下さんの特性をよく理解し，同僚とのかかわりがさほどない職場条件なども山下さんにとって申し分のない就職先だとほとんどのスタッフが思っていました。

　物事に真面目に取り組む山下さんは，トライアル雇用の期間は欠勤も遅刻もなく与えられた仕事をこなしました。過去の苦しい体験を繰り返したくないという思いや自分自身の弱さについても理解していたため，昼食時などに生じる対人関係にはことさら気を使いました。そのため，トライアルの雇用期間が終わろうとするころには，先方の企業から山下さんを正式に雇用するための形式的な面接を設定してくれました。面接を受けさえすれば，山下さんはその企業で働くことをほぼ約束されたのです。安心したスタッフは「よっぽどのことがない限り大丈夫」と山下さんに伝えました。

　しかし，山下さんは面接に行きませんでした。そしてこの出来事は，山下さんとかかわってきたすべての人を落ち込ませました。「体調を崩したから行けなかったのですか」というスタッフの問いに，「いえ。ただ，受けたら僕は壊れると思った」とだけ答えたそうです。どうして山下さんは面接に行かなかったのでしょうか。その理由は誰にもわかりませんでした。

就職の面接に行かなかった理由

　私も山下さんがなぜ面接に行かなかったのか，その理由がわからない一人でした。そのため，山下さんが施設の仕事に戻って落ち着きを取り戻したころ，「スタッフさんたちもよっぽどのことがない限り大丈夫って言っていたのだから，自信をもって行けばよかったね。惜しかったね」と話しかけてみました。すると，山下さんは淡々とこう言いました。

　　僕はよっぽどのことが起きる人間なのです。今までもずっとそうだったのです。だからもし，受かると思って期待して行って落ちたとき，もう僕は壊れてしまう，絶対に。壊れるくらいなら，行かないと決めたのです。
　　スタッフは今までここ（事業所）で頑張ってきたことを守っていれば大丈夫，大丈夫って。絶対に大丈夫だなんて言える人いますか。今までだって僕には大丈夫だったことなんか何一つなかったのですから。

　スタッフはトライアル就労に先立って，山下さんのこれまでの人生の中で上手くいかなかったことや，いじめの原因となった「他者と良好な関係を結ぶこと」の重要性を話し，「相手の話を聴き，相手の気持ちを考え，次に自分がどう答えたらよいのか，どう行動したらよいのかを考えるよう努力しましょう」と声を掛けたそうです。山下さんによると，スタッフの就労を前にした利用者に掛ける当たり前のこの言葉が，「努力しないと，あなたは他者と良好な関係を結ぶことが難しい人」と聴こえたと言います。山下さんは，「…努力しましょう」という言葉に強く反応し，不安になったと語りました。なぜならば，山下さんがいじめられていたときの話を聞いて，「けっして，山下さんが悪かったのではない」「いじめた人が悪いのだ」と励ましたスタッフが，いざ就労を前にしては，「他者と良好な関係を結ぶ努力をしよう。いくら口を挟みたかったとしてもその人が話し終わるまでは待ちましょうね。嫌がられるからね」と言ったことに違和感を覚えたと言います。つまり，「あなたが悪いのではない」と言ったスタッフが，「あなたは人との関係に困難を抱えている人だから，努力をしないと，また同じことが起きますよ。結局，あなたの側にその原因があ

ったのですよ」と言っているように感じたからだそうです。職員はけっしてそういうつもりでアドバイスを与えたわけではないのですが，山下さんはそう受け止めてしまったのです。山下さんはこう続けました。

> それに，「努力したら上手くいく」と言うけども，僕は今まで努力をしてなかったわけではない。努力はしてきたのです，ずっと。それでも上手くはいかなかった。今度のことは，大きなチャンスっていうのはわかったから，行けばよいのだとは思ったけれど，今度もきっとぎりぎりのところで落とされて拒否されて，やっぱり自分はしょうもない奴って思うのは，もうたくさんです。したい仕事でもないのに，もうこれ以上頑張りたくないのです。

私は山下さんの根源的な深い話を聴きながら，彼が最後に言った「したい仕事でもないのに」という言葉が，私たちに一番伝えたかった言葉だったような気がしました。

職員の解釈

山下さんが面接に行かなかったことに対して，スタッフは「やっぱり考え方が特有だから私たちには理解できない」「せっかくのチャンスだったのに，やっぱり将来の見通しが立たない人だ」などとため息をついていました。そして，この「やっぱり」は，「（障がいがあるから）やっぱり」ということを意味しているように聴こえました。

たしかに，幼いころからの育ちの中で障がいを疑われなかったものの，社会の中で困難を抱え，キャリアにおける失敗経験を積み重ね，いじめられ，不適応を起こしてしまった末に診断を受け，事業所や施設を利用する人の中には，過去にこだわり，他者の言葉にこだわり，自分自身を縛り付け，聴いている私たちを苦しくさせる人も少なくはありません（山本ほか，2013；山本，2014）。しかし，障がいと診断された人がすべて社会の中で不適応を起こすわけではないのです。自閉症の特徴がありながらも周囲の理解に支えられ，社会の中で自

分自身の価値を見出しながら生きている人たちも少なくはないのです。

　山下さんの場合は，自分が置かれている状況を十分に理解しているため，スタッフが勧めてくれる「大きなチャンス」に乗っていこうとしたのだと思います。しかし，スタッフが思う「大きなチャンス」が山下さんにとっては「したい仕事」ではなかったとしたら，自分が壊れそうなくらいのプレッシャーを感じながら面接に行く気にならなかった理由が理解できます。スタッフはなぜ，山下さんの希望をしっかりと聴いた後に就職先を決めなかったのだろうか。山下さんの就労支援の中心になったスタッフはこう語っていました。

スタッフが語る役割意識

　　事業所や施設のスタッフにはそれぞれ役割があります。私の場合は，就労支援なので，何とかして利用者さんの特性を活かしながら社会に出すということが一番の仕事になります。山下さんはたしかに施設を利用して半年しか経ちませんが，十分に一般の企業でやっていける力があると感じました。周囲の環境に恵まれていたらこんな場所を利用しなくても，ちゃんと就職していける人だと思ったから，すぐにトライアルに出てもらったんです。少しでも早く，一般社会で働けるようになる方が山下さんにとっては幸せなことだと思ったから背中を押したんです。

　　（私：山下さんはその仕事を希望したのですか？）希望ですか？　施設では，障がいの特性を考えて，「したい仕事」よりも「できる仕事」を優先して進めます。「したい仕事」に適性がなければ，また離職につながります。また失敗体験を重ねて，もっと辛い思いをするかもしれない。だから，「この人には無理だろうなあ」と思いながら，本人が望むならと腹を決めて後押しするなんて，そんな無責任なことはふつうの職員にはできないです。

　障がいがある人に就労を支援する場合は，その人が「したい仕事」よりも「できる仕事」が優先されることがあります。しかし，障がいの特性によって

は，「したい仕事」に必ずしも適性があるとはいえないので，その人の意志や自己決定を支えることを支援の中心に置こうとすれば，そこに矛盾は生じます。職種がどうあれ，一般社会で働くという行為がその人の幸せに繋がるというドミナントな物語が就労支援の事業所には当たり前のように存在し，利用する人の「当事者（性）」を作り上げてしまっているのだろうと思います。私自身も本書の「はじめに」で藤本さんから指摘された一般的な幸せに対する概念と同じドミナントの物語です。

　また，スタッフは，山下さんの行為の意味を彼の主観的な体験からではなく，外側からの「言葉（障がいの医学的モデル）」によって説明しようとしました。山下さんの「面接に行かなかったという行為」は，スタッフの障がいに対するドミナントな物語によって説明され，山下さんの主観的な体験世界の中ではどのような意味をもっていたのかに気づくことができなかったのだろうと思います。

支援施設のドミナントな物語

　事業所や施設には意識されていない「ドミナントな物語」があります。それらの「ドミナントな物語」は利用する者を支援するための善意の物語であるため，絶対的な価値をもち，問い直されることが少ないように思います。そして，その「ドミナントな物語」がときに障がいがある人の生きている体験世界の中で生まれた「物語」との間でジレンマや葛藤を生じさせるものとなります。

　第3章でも述べたように，クラインマン（Kleinman, 1988/1996：4）は，「疾患」とは，治療者の視点からみた事柄であり，生物医学的な構造や機能における一つの変化としてのみ再構成されるものなのであり，「病い」とは「痛みや，その他の特定の症状や，患うことの経験として身体的な過程をモニターし続けるという生きられた経験」だと述べています。たしかに，クラインマンがいうように，「疾患」と「病い」は，それをみる立場や視点の違いにより異なる意味をもつがゆえにジレンマや葛藤が生じるのですが，本来は，「疾患」と「病い」双方の視点が補完的にその人全体の支援を形作る基盤とならなくて

はなりません。ドミナントな物語を保ちながらも，そこにオルタナティヴな物語の可能性はつねに存在します。たとえば，現場で出会う「語り」は個性記述的であるが故に，自然科学が求める真理とは異なり，一回性，個別性の性質をもちます。しかし，この一回性，個別性の性質をもつ「何気ない一言」がオルタナティヴな物語を生じさせることがあるのです。

須田さんの「猫が飼いたい」という願い

　最後に，須田郁夫さん（仮名　57歳）の事例を紹介します（山本，2015a）。須田さんは幼いころから児童養護施設で育ち，寂しい思いを抱えながら生きてきました。須田さんには軽度の知的障害があります。当時は一般就労しながら，知的に障がいがある人たちのグループホームで暮らしていました。須田さんの口癖は，「僕はひとりぼっち」「生まれてこなくてもよかった人間」といった聴く人を悲しくさせるものでした。人に対しても攻撃的な態度で接するため，周囲から孤立しているようにみえました。また，動物や昆虫が好きでイモリやカブトムシを山から採ってくるのですが，ほとんどがタンスの中で干からびていました。

　そんな須田さんが「猫を飼いたい」と言ったものですから，グループホームのスタッフは「須田さんに動物の世話ができるわけがない」「動物を飼うにもお金がいる。管理されないとお金の計算もできない浪費家の須田さんがワクチン代や餌代をどこから捻出するのか」と受け入れませんでした。しかし，ある日，スタッフの一人の「あれだけ望んでいるのですから，やってみてから考えましょう」という一言で，須田さんの希望は実現したのです。念願の猫と一緒に暮らすうちに須田さんの生活は一変しました。須田さんの口癖も，「孤独で生まれてこなくてもよかった人間」というものから，「いつまでも健康で頑張ってやらねばならない（猫の）お父さん」に変わったのです。飼育するお金を捻出するために仕事も一生懸命するようになりました。それまで吸っていたタバコも止めました。なにより，須藤さんの顔に笑顔が増えたのです。

障がいがある人の意思を支えること

　障がい者支援の中心的な命題は、その人の自己決定や自立を支えることにあります。支援の歴史の中で受動的な存在とされてきた人たちは、能動的に自分自身の支援を組み立てる主体だと受け止められるようになってきました。

　肢体不自由の人、聴覚や視覚あるいは精神に障がいがある人と同じように、知的に障がいがある人も支援を組み立てる主体なのです。しかし、どのような障がいにおいても障がいがある人と支援者との関係性の中に、支援する側の価値観や規範、常識や意思が入り込むことは否定できません。その場合において、私たちが問い直さなければならないことは、「私たち自身のあり方」です。なぜならば、私たちの中にある様々な要因が「あなた」の「当事者性」に大きく影響していくからです。

第6章

「傷つく言葉」「救われる言葉」は関係性の中で現れる

　発達に障がいがある人々の話を聴かせてもらうと，必ず他者からとても厳しく，耐えられないような「傷つく言葉」を掛けられた経験があると言います。しかし，その一方で，彼らの傷を癒やし，前を向こうとする力を与える「救われる言葉」もあったと言います。彼らが語る「救われる言葉」がいつも，優しく，温かく，彼らに寄り添う言葉であるというわけではありませんでした。明らかに彼らを傷つけてしまうだろうと思われる言葉や言い方も，「救われる言葉」と表現されることがあります。その受け取り方の違いはどこにあるのでしょうか。

　他者の言葉が自分にどのような意味を伝えようとしているのかについて判断するときには，それまでの他者との関係性の質がそれを判断する材料の一つになります。たとえば，「出ていけ」というネガティヴに聞こえる言葉でもその背景にある関係性の違いで，その言葉が「傷つく言葉」になったり，「救われる言葉」になったりします。同様に，「頑張っているね」という温かい言葉が，それを受け取る人との関係の中で，「救われる言葉」であったり，「傷つく言葉」であったりもするのです。「頑張っているね」に傷ついたお母さんがいます。学校の先生から「○子ちゃんは最近頑張っておられますよ」という言葉を聞いて「子どもに無理をさせていると思われているのでは」と受け取り，「子どもが頑張らなくてもよい環境づくりはできないのか。工夫してくれ」と訴えたので先生が驚いたということがあります。このお母さんは先生の言葉をそのままに受け取ることができない関係性の中にいたのでしょう。

　発達に障がいがある人は，言葉を字義どおりに受け取る傾向があると言われ

ることもありますが，それは彼らにとっての「関係」が生じていない文脈の中でのみ起こるのだと思います。彼らは，自分を取り巻く関係性にはとても敏感で，人の言葉の背景をとても的確に受け取っているように思います。

1 学校の中で

　特別支援教育が施行されるか，されないかの狭間のときに，周囲の人や環境との間で困難を抱えたため注意欠如・多動性障害（ADHD）とアスペルガー症候群傾向があると診断を受けた梅田健介さん（仮名　32歳）を紹介します。彼が一番悩んでいたころに2，3度，フィールド・ワークで会ったことがあります。梅田さんは，その後，いろいろなことがあったものの自分の夢を叶えることができ社会に出ていると聞いていました。久しぶりに会った梅田さんは，「今苦しんでいて，まだそれを語ることができない子どもに，少しでも役立つことができたら嬉しい」と面接に協力してくれました。

　特別支援教育は，障がいがある子どもを支援するために，平成19年4月に学校教育法に位置づけられました。文部科学省によると「障害のある幼児児童生徒の自立や社会参加に向けた主体的な取組を支援するという視点に立ち，幼児児童生徒一人一人の教育的ニーズを把握し，その持てる力を高め，生活や学習上の困難を改善又は克服するため，適切な指導及び必要な支援を行うもの」としています（文部科学省HP「特別支援教育について」）。

　特別支援教育が施行され，学校では特別なニーズのある子どもたちに手厚い支援が行われるようになりました。しかし，当時はまだ学校で何か問題が起こると，子どもの個性によるものなのか，教員の指導や家庭教育のあり方によるものなのか，どこにその原因があるのかよくわからないと考えられていたために，それぞれの間で何かしらの対立や葛藤が起きることがありました。はとんどの時間を学校で過ごす子どもたちは，原因がどこにあろうと今の困った状況から逃れて安定した学校生活を送りたいと考えていたと思います。しかし，異なる発達の道筋を辿る子どもたちの中には，学校の特性にそっていくことが難

しい子どももいます。

学校で求められるスキル

　学校とは，1クラス40名に近い集団が，一斉に同じことを学習する場であり，入学当初から，暗黙のうちに基本的学習態度として「長時間じっと座っていること」「待つこと」「気をつけて行動すること」を随所で求められる場所だと考えられています。そのため，発達に課題のある子どもたちにとってはもっとも苦手なことを求められる場所になっているのです（井上，2002：148）。

　しかし，石川（2006：52-53）は，昔，MBD（微細脳損傷）と言われた時代には，学校の管理教育が今よりもかなり厳しかったにもかかわらず，注意欠如・多動性障害の特性がある子どもも，それなりにクラスに受け容れられていたと言います。そしてその背景には「子どもは動き回るくらいがちょうどよい」といった農業的価値を伴った発想が存在する社会的基盤があったのであろうと言います。

　時代の価値観や考え方を反映して学校や人のあり方も多様に変化します。子どもたちが生きている時代に大事だと考えられている価値観や考え方が子どもたちの行動を評価し，それらが子どもの特性に合わない場合は彼らに生きにくさを抱えさせてしまうことになるのでしょうか。

「叱るときは，言葉を選んでほしい」

　梅田健介さんは現在，外資系の会社に勤めています。仕事柄，海外と日本を行ったりきたりしながらの生活です。「やりがいのある仕事に就けたことはもちろんですが，一つの場所にはなかなか落ち着けないので，いろいろな場所を移動できる今の生活はとても楽しい」と言います。梅田さんは見るからにエネルギッシュで快活な人です。しかし，幼稚園，小学校，中学校は学校の先生と上手くいかずとても苦労したそうです。高校で少し楽になりました。当時を振り返り，たびたび謝りに行かなくてはならなかった母親にも「迷惑をかけて申し訳なかった」と言います。梅田さんには母親の他に，父親と，姉が一人いま

す。姉は順調に学校生活を送りましたが，梅田さんはそうではなかったそうです。

> まず，なんでトラブルばかりが起こったのか。自分でもわかりません。はじめはみんなの成長を超えていて，学校に入ってからは，みんなのできることができなくなって（授業中にしゃべらないとか先生の言うことに従うとか，乱暴なことはしないとか），先生の言うことの真意がみえて，みたいなところが一つの原因だったように思いますけど，わかりません。僕は人と比べて成長がずいぶん早かったみたいです。母親によると生後9か月のときにはすでに話しはじめたそうです。1歳のときには姉が覚えていた百人一首を姉よりも先に覚えてしまったそうです。ともかく，成長の早い子どもで周囲の期待は大きかったようですが，かんしゃくが酷かったので，脳波をとったと聞いています。その脳波をとるときにも通常の量の睡眠薬では効かなくて，みんな困ったということでした。

梅田さんは赤ちゃんのときから2時間でも3時間でも泣き止まなかったそうです。たとえば，何か触りたいものがあって，それを「触ったらだめ」と言われると「うわ～」となるようなかんしゃくもちだったと言います。

1歳児健診のときには保健師さんから「（一般的な発達の）枠に入ってないようなので調べてください」と言われ，母親は梅田さんを連れて大きな病院の小児科を訪ねたそうです。医師からは「問題はないと思いますが，保健師さんからそこまで言われたら気になるでしょうから調べましょう」と言われました。まず，母親はアンケートに答えたそうですが，「3か月で寝返りができるようになった」など，一般的な発達かどうかという意味では枠にはまっていないことも多く母親の不安が高かったので一応脳波をとることになったそうです。赤ちゃんの脳波をとる場合，その病院では睡眠薬を用いていたようです。しかし，これも通常の量では効かず，とうとう看護師から「これで寝ない子ははじめて。けっこうきついのをいきますよ」と言われたそうです。梅田さんはこの話を母親から聞いたときに，赤ちゃんに睡眠薬を飲ませる方が脳にダメージがあるだ

ろうと思ったそうですが，今は当時の母親の不安や心配が大きかったのだから仕方ないと思っています。そのときの結果からは何も問題はないと診断されました。しかし，小学校高学年になり，教員とたびたびトラブルを起こし，その反抗の様子があまりに激しかったため「何かおかしい」と担任から医療機関での診察を勧められ，そこで発達に課題があると診断されました。

　幼稚園，小学校は大変だったと思います。人を叩いたり，順番を守れなかったり，それはけっこうありました。口は達者だったのですが，"言うより早い"と手が出ていた時期ですね。当然，怒られました。してはいけないことはわかっていましたが，なにしろ，先生の言い方が高圧的で。人にものを言う言い方かと思っていたので従いませんでした。用務員さんの部屋に鍵を掛けて閉じ込められたこともありました。そういうことをされるとさすがに子どもなので「僕が悪かった。次からは先生の言うことを素直に聞こう」とは思いませんよ。おかげで，「あなたへの注意は暖簾に腕押し。こんな子は知らない」とつねに言われていました。

小学校の低学年のときの先生とは相性がよかったそうで，「将来，きっと大物になる素質がある」と可愛がられましたが，高学年になるにつれてだんだんと教室に居づらくなってきました。

　小学校のときは，いわゆる調子のり。つねに注目を集めたい思いが強くて，悪ノリばかりしていたから，高学年になっても修正できなかったんです。これはそろそろやばいぞと思うのだけど，やりたい気持ちが先に来るからストップが掛けられない。このころになると，わかっていても止まらない状態になってしまったんです。勉強だけはできたから，先生からみたら，とんでもない悪質な子どもに思えたんでしょうね，すごく憎まれるようになりました。個別に呼ばれて，持っている本で頭を叩かれて，「お前は，荒っぽい運転をするダンプカーていうことを覚えておけ。小さな車の邪魔ばっかりする嫌な奴なんだ」と言われました。なんてことを言うんだ

ろうと思いました。腹が立つから，掃除道具の箒を全部折ってやりました。

「先生，あなたはどうなのですか？」

　あるとき，教室に落ちていた友達の悪口を書いた紙が見つかり，帰りのホームルームで，「私（先生）は，この紙の筆跡から，健介君が書いたのだと思っています。人として心無いことをするのは許せない」とみんなの前で2時間も叱られるということもあったそうです。その後，それを書いた本人が名乗り出たため，梅田さんの容疑は晴れたのですが，先生から謝罪の言葉はなかったそうです。間違ったことをしたのに謝らないのは「あなたの方が人として心無いことをしているのではないのか」と思ったと言います。このあたりから，子ども心に先生は信用できないと思うようになってきたそうです。

　梅田さんだけではなく，発達障害と診断された子どもが語るエピソードには担任の先生とのいざこざが少なくはありません。ある子どもは，叱られて廊下に出されているときに，謝ろうかともじもじしているうちに，廊下に置いてあった車椅子に乗って遊んでしまったといいます。そのクラスでは，車椅子を利用している生徒を中心にしたクラス作りを目標にしていたため，それを見た先生から，頭ごなしに，「人でなし」と怒鳴られたことがあると言います。この子どもも梅田さんと同じように，自分がなぜ叱られているのかの理由よりも，みんなの前で「人でなし」と怒鳴られたことだけが心に残っているようでした。梅田さんにしろ，フィールドで話を聴かせてくれた子どもたちにしろ，自分たちの行き過ぎた行動は，自分でも「よくないこと」はわかっていたように思います。それなのに，なぜ，自分の行動を変えることができなかったのでしょうか。それが外側から見て「人の気持ちがわからない」と判断される理由にもなっていたのです。

　　自分が悪いことをしていて叱られることはよいにしても，なんで叱られているのかわからないようなこともありました。たとえば，僕は，リコーダーを吹くのが苦手だったのですが，音楽会の練習のときに「梅田は音を

第6章 「傷つく言葉」「救われる言葉」は関係性の中で現れる

出すな。吹いている真似だけをしていろ」と言われ，それでも吹きたいから音を出すと，「お前はアホか。言われていることがわからないのか。邪魔なんだよ」と怒鳴られたりしました。思わずリコーダーを先生の顔に投げつけて音楽室を飛び出しました。それもどうかとは思いますけど，そのときは「おかしいなあ」と思っていました。音楽会は生徒のものじゃないんですかね。そういうのが積み重なって，本当に悪いことをして叱られているときにも，叱られている言葉に注意を向けてしまい，注意されている内容がどこかに飛んでしまっていたようにも思います。今度は何を言うのかなと。

梅田さんだけではなく，発達障害と診断された子どもたちが先生から掛けられた言葉にはかなり厳しいものがあったようです。ここに書くことも憚られるような言葉もあります。しかし，そこに「指導しよう」「教育しよう」とする思いがあることを感じれば，素直に納得できたかもしれないと言います。先生たちの言葉が彼らに届かなかったのは，そこにそうは感じさせない何かがあったのかもしれません。かなりひどい言葉で子どもを傷つけてしまう先生は，ごく一部でしょうし，どのような文脈で使われたのかはわかりませんが，少なくとも，何年経っても子どもの記憶の中に「先生から言われたありえない言葉」として深く刻まれているのは確かです。

同じ厳しい言葉を掛けられても，それまでの関係の中で信頼が生まれていたら，受け取り方も異なるでしょうが，その信頼が生まれていなければ，子どもとはいえ「他者に言うと傷つく言葉」を意識しておいてほしいと梅田さんは言います。

　　子どものときって，学校がすべてみたいなところがありますよね。世界が狭いから。そこで，いつも，いつも罵倒され，人格まで否定されていたら，どこで生きたらよいのか悩みます。学校で上手くいってないってことは，当然家でも上手くいかないってことですから。壁が両方閉じている空間しか生きる場所がないとなると人間暴れたくもなりますよね。それほど，

思慮もまだ育っていない小学生なんですから。

　小学校時代は，比較的，教員と保護者の距離が近いと思います。学校で何かあればすぐに保護者に連絡が来ます。あまりに問題が大きい場合は，保護者が学校に呼び出されることもあります。梅田さんのお母さんもたびたび学校に呼び出され，そのたびに謝罪をしたそうです。しかし，そうなると，家に帰ってから今度はお母さんから叱られることにもなります。梅田さんのお母さんはあまりに謝罪することが多くなると「もう，健介のことで頭を下げるのは嫌だから，とにかく私に謝らさないで。学校では黙っていなさい。それができないんだったら学校には行くな」と叱ったそうです。

　就職が決まったころになって，「お母さんも視野が狭くて世間体ばっかり考えて辛い思いもさせたかも。ごめんね」と謝ってくれたそうです。母親も気にしていたのだなと思いました。梅田さんは昔の自分に対してこう語ります。「今となっては先生の言葉は適当に流して，いらない労力を使うこともなかったなとは思いますが，狭い世界で暮らしている力もない子どもが精一杯闘おうとしたのだとは思ってやろう」と。

　小学校時代に始まった教員との対立は高校になるまで続き，その間，精神的に不安定になったり，粗暴になったり，自分の将来さえ見えなくなってしまった時期もあり，「自分の人生をつまらないことに費やして，苦しんで。結局，負けたのですけどね」と言いました。

厳しい言葉の背景にある優しさ

　梅田さんが何とか日々の生活を送ることができていたのは，小学校のときから個人で通っていたバスケットボールチームのコーチがいたからだと言います。中学2年生のころには学校に行けない時期がありましたが，バスケットの練習には休まずに通ったそうです。コーチに会いたかったからだと言います。

　コーチは元教員で退職後にコーチに専念している人でしたので，規律や態度にはかなり厳しかったようです。練習中には梅田さんもよく叱られました。そ

のため，はじめのころは，コーチを「嫌な人」と感じていたようです。言葉も態度も厳しいし，褒めてくれることもほとんどなかったようですが，梅田さんが学校を休んでいる理由をどこかで聞いたのか，ある日「お前も損な奴やな。そういうのをアホっていうんや」と言ったそうです。気にかけてくれていたのだなと感じたそうです。

　　中学２年生のときに社会見学があったのですが，そのときに，僕の態度が悪かったようで，結局見学をさせてもらえず，帰るまでずっと怒られ続けたということがあったのです。そもそも，何があったのかというと，行く前から僕にだけうるさいこと（やってはいけないこと，気をつけること）をしつこく言われていて，いい加減嫌になっていたときにカバンの中まで調べようとするから（禁止されているものを持ってきていないかどうか），頭にきて，見学先の工場でも騒ぎまくって，他の学校から見学に来ていた生徒や先生にも迷惑をかけたことがあったんです。たしかに僕が悪いところはあったのですが，そのときに先生が何を言ったかというと，「お前のせいで，他の学校の先生や生徒の前で恥をかかされて，僕らがどれだけ嫌な思いをしたかわかるか」とそればっかりでした。「こんなことでは社会に出ることはできない。いくら障がいなどと言っても，社会はこんな態度は受け入れるわけがない。犯罪にも関係するかもしれない」とも言われました。もう，よいわと思ったんです。

　この社会見学の日からしばらくの間，学校に行くことができなかったそうです。教員もどう指導してよいのか，これまでの経験をはるかに超えた子どもとの出会いに悩むことも少なくなかったと思います。梅田さんは先生との関係の質によって態度が異なるため，「こう叱るとまずいらしい」というノウハウが別の場面で生かされるとは限らなかったようです。「普通はこれだけ怒ったらおとなしくなるはずだが」という思いは梅田さんには通じなかったのです。そこには，梅田さんが鮮明に覚えている「お前のせいで」という言葉に表されるような関係性がつねに存在していたからだと思います。

梅田さんの中には，教員に対するイメージがありました。それは，「自分を犠牲にしてでも未熟な子どもを指導・教育する」という姿です。「自分を犠牲にしてでも」というのは教員も人間である以上，いつもできることではありませんが，少なくとも，自分の立場ばかりを気にしたり，指導・教育する子どもに将来，犯罪に手を染めるなどと決めつけて見ているのでは，子どもから見れば裏切られたように感じるのもわかります。そんな中でコーチから声を掛けられたのです。コーチは梅田さんにこう怒ったそうです。

> お前も悩みがあるだろうけれど，しかし幼い。友達との間でお互いのノリのバランスが取れていないのがわかるか。お前は中学生の悪ノリ，いたずらとしか思ってないかもしれないけれど，度が過ぎる。幼いではすまされない。普段の学校の生活を正していかなければ，社会になんか出られるわけがない。一生，家の中で，幼いわがままな思いで，人に当たって暴れて過ごしといたらよいわ。

梅田さんはコーチの言葉を聴いても不思議と嫌な思いにならなかったそうです。しかし，その当時は今までに受けた数々の傷つきに「仕返し」をしなければ，何のために自分が存在しているのかわからないというところまで追い詰められていたため，「もう，俺，どうでもよいねん」と投げ捨てるように言ったそうです。

> お前は本当にアホな人間なんやな。お前はもっている力を自分の損になるようにしか使えない。甘ったれた小さい子どもみたいな精神しかもってないからそれを上手いこと使えないんや。俺はお前がどうなっても関係ないし，好きにしたらよいわ。お前としゃべるのは時間の無駄，無駄。

コーチの言葉はかなり厳しかったそうですが，自分のことを気に掛けてくれたことを嬉しく思っていたので，コーチが言うように，自分の力を今の嫌な場所から抜け出せるように使っていこうと思ったそうです。

第6章 「傷つく言葉」「救われる言葉」は関係性の中で現れる

学校全体が疲弊していた

　梅田さんは「冷静に考えると，学校全体が疲弊してしまっていて，先生も僕と同じように苦しんでいたのかもしれません」と言います。梅田さんが通っていた中学校では，授業中なのに校舎の裏でタバコを吸っている生徒もいましたし，授業で配られたプリントを紙飛行機にして飛ばしたり，弱いものをよってたかっていじめたりする生徒もいました。基本的に教員の名前は呼び捨てでしたし，「死ね」などの言葉は挨拶代わりに使われていました。授業中にガムやチョコレートを食べることも珍しくはない学校でした。当時はそれが当たり前のように思っていたそうですが，こういう状況の中では，教員と生徒との間に信頼関係を結ぶことは難しかったのだろうと言います。信頼関係が成り立っていなかったから，そういう状況を生じさせたとも言えますが，こうした負の関係性は「生徒のせい」「先生のせい」などのように片方だけに原因があるものではありません。いずれにしろ，この不安定でネガティヴな関係の中で梅田さんは生きていたのです。

エネルギーの高さを生きる力に変えて

　コーチに言われたからといって，急に態度を変えることはできませんでしたが，梅田さんは，まずは高校に進学できるように勉強をすることにしたそうです。結局，公立高校は内申点が足りなかったため，私立の高校に進学することになりました。大学は希望する学部に合格することができました。高校に進学したころから，「なぜあれほど荒れていたのかわからない」と言えるまでに落ち着いたそうです。

> 　たぶんそれは，コーチから言われた力の使う方向が定まってきたせいだと思います。今の日本と海外を短期間に往復する生活も僕ではないとちょっとできないくらいエネルギーのいることですしね。

　梅田さんを苦しめたエネルギーの高さは，今の梅田さんの生活を支える力になっています。たとえ，厳しい言葉であっても，その背景にしっかりとした関

係が根づいていれば、人の生きるベクトルの方向を大きく変えることに繋がるのです。

　当時、障がいの診断を受けた子どもの中には、梅田さんと同じように他者からの言葉に傷つきながら学校生活を送った子どもがいます。その中で、信頼できる人に出会った子どももいれば、温かい関係性に恵まれることがなく、そのまま社会との接触を絶ってしまった子どももいます。もし彼らがいまだに苦しい状況にあるのだとしたら、彼らと温かく繋がろうとする私たちのあり方が、彼ら自身にエネルギーを与え、「生きる力」に舵を取ろうとするきっかけになれるのだろうと思います。

2　施設の中で

　障がいがある人を支援する福祉施設でも、施設の職員の言葉に傷ついたり、救われたりする施設利用者がいます。同様に施設利用者から掛けられた言葉に傷ついたり、救われたりする職員もいます。同じ関係性を生きている限り、双方がそこで生じている関係の質に互いに影響を与えているのは当たり前のことですが、何か上手くいかないことがあれば、「私ではないあなたのせい」と考えてしまいがちになります。自分がその関係性を形成している一人であることを忘れてしまっているように見えることもあるのです。

閉じられた場所で

　入所型の支援施設に限らず、通所型の施設であっても、施設というものは社会から隔絶された部分があります。施設が意識的に閉じているわけではないのですが、地域に住んでいる人などの一般の人々が施設を訪れることはあまりありません。何かのイベントがあれば別ですが、それでも年に数回ほどしかありません。そのため、障がいがある人が施設でどういうふうに生活したり、仕事をしたりしているのかについての関心も薄れていくのだろうと思います。結果として、施設では支援を受ける人とする人の閉じた一つの関係性がその場を動

第6章 「傷つく言葉」「救われる言葉」は関係性の中で現れる

かすことになります。ある施設職員は言います。

> 施設が閉鎖状態になるとそこでは「原因探し」が始まり，誰かを悪者にする。そして，残念なことにその悪者は力をもたない利用者であることがほとんどである。

平成23年に「障害者虐待の防止，障害者の養護者に対する支援等に関する法律」(障害者虐待防止法) が施行されました。この法律では，「障害者に対する虐待が障害者の尊厳を害するものであり，障害者の自立及び社会参加にとって障害者に対する虐待を防止することが極めて重要であること等に鑑み，障害者に対する虐待の禁止，障害者虐待の予防及び早期発見その他の障害者虐待の防止等に関する国等の責務，障害者虐待を受けた障害者に対する保護及び自立の支援のための措置，養護者の負担の軽減を図ること等の養護者に対する養護者による障害者虐待の防止に資する支援 (以下「養護者に対する支援」という。) のための措置等を定めることにより，障害者虐待の防止，養護者に対する支援等に関する施策を促進し，もって障害者の権利利益の擁護に資することを目的とする」と謳われています。

この法令が施行されてからも，障がい者に対する虐待がなくなったわけではありません。厚生労働省が同年12月22日に公表した調査結果から，2014年度に家族や福祉施設の職員，職場の上司から暴行，暴言，賃金不払いなどの「虐待」を受けた障がい者が2,703人もいたことが明らかになったと報道されています (『西日本新聞』2015年12月27日版)。

ある施設では「障害者虐待防止法」が施行されたのを一つの契機として，全職員を集めて虐待防止のための現状把握をしたと聞きました。その中で職員からは，「うるさいから口をタオルで塞いだ」「動き回るからベッドに括りつけた」などの身体的な虐待や，「あなたとは二度としゃべらない」「嫌われ者」「そんなので生きていて楽しいのか」など利用者を著しく傷つける心理的な虐待をしたことがあったと報告されたそうです。

これは，その施設に限ったことではなく，他の施設でも聞かれたことです。

ただ，そんな報告の中でも，「世間一般には虐待と思われるような声掛けや行為が利用者には好意的に受け取られていて不思議に思うことがある」「悔しくて思わず感情的になってひどい言葉を投げつけたこともあったけれども，その後，よけい仲良くなった」などの言葉も聞かれたそうです。

厳しい言葉のすべてが嫌なわけではない

　施設を利用する人々は障がい特性による困難があることで，幼いころから周囲の人々によって繰り返し否定的な扱いや言動を受けてきた歴史があります。育ちの中で深く刻み込まれたそれらの対応が，大きい音や人とのかかわりを怖がらせたり，職員の何気ない言葉に強く反応させたりするため，職員からの支援を受け付けない人もいます。そのため，「私」は安心できる人だとわかってもらえるような言葉や対応を心がけることがとても大事です。しかし，施設自体の構造がその余裕を職員たちに与えない場合には，たとえ，職員がそうしたいと思っていても叶わないこともあります。

　職員同士がつねに揉めていたり，コミュニケーションが上手くいっていないため，いざとなったときに相談ができなかったり，自分のやり方が正しいと信じて他の職員のアドバイスを聞かないといったことが起きている施設では，利用する人にそのしわ寄せがきます。こういった場合，施設利用者が職員と関係を結ぶことは難しく，お互いに「わかり合えない」「わかり合いたくない」といった関係性が形成されることになります。ある職員の話では，同僚に不誠実に振る舞う人は，利用する人にも不誠実だと言います。反対に，同僚とうまく協力関係をつくりあげている人は，利用者に対しても，支援の協力関係をうまく形成しているそうです。支援は一方向的なかかわりのように思われるかもしれませんが，そのかかわりにスムーズに応じてくれる人がいなければ，支援にはなりません。たとえば，「自由にのんびりと毎日を過ごしたい」と思っていてどうしても日中の活動に参加してくれない利用者であっても，「あの人が言うから仕方がない」と活動支援に応じてくれる場合があります。仕方がないと支援を受け入れてもらえる「あの人」とはどのような人なのでしょうか。

第6章 「傷つく言葉」「救われる言葉」は関係性の中で現れる

　施設を利用する人たちに人気がある職員に共通しているものは，乱暴だったり，暴言を吐いたりしない人であるのはもちろんなのですが，やはり利用者を，障がいがある人とはとらえず，職員である自分と同じ視点から考え対応をしてくれる人だと言います。

　　怒鳴られたり，叱られたり，するのは嫌だけど，すべてが嫌なわけじゃない。

　軽度の知的障害があり，通所型の施設を利用している三浦修一さん（仮名43歳）はそう言います。「どういう場合が嫌で，どういう場合には嫌ではないのか」と，尋ねると，

　　常日頃から，「やってやってる感」の強い人や，人の話を勝手に解釈して決めつけたり，とにかく偉そうな態度の職員から，感情的に怒鳴られたり，叱られたりすると，そんな奴はだいたいが自分の都合で怒ってるから，見当はずれのことも多いし，適当に「はい，はい」言うといて，（職員が）言うことは聞いてやらんわな。

と言います。どれほど同じ目線で生きているか，どれほど相手の立場になって考えることができているか，どれほど相手の話の真意を聴いているか，が三浦さんの中での職員評価の材料の一つになっているようです。
　また，職員の中には過重労働や賃金の低さ，施設の風通しの悪さなど様々な理由が背景にあるのでしょうが，つねにいらいらして不機嫌な人がいるそうです。そして，たいがい，そのような人が利用者を怒鳴ったり，叱ったり，嫌味を言ったりするそうですが，そういう人は利用者との間に負のスパイラルを生じやすい人だと言います。いわゆる，「嫌っている─嫌われている」「信用されていない─信用していない」の関係が生じるのです。
　反対に，余裕があり安定している人は正のスパイラルを生じています。この正のスパイラルを生じさせている人から怒鳴られたり，叱られたりすることもあるそうですが，それは怒鳴られ，叱られる理由が利用者に納得可能なもので

あったり，その人が一生懸命言っているのだから「ちょっと聞いておこうか」という関係がすでに積み重ねられてきていると言います。

　施設を利用している人は，生きている世界が私たちほど広くはありません。その狭い世界の中で生じる関係性は，それがそのまま彼らの生活のありようを決定してしまうほどの影響力をもつものです。「お前なんか，ごみと一緒に捨ててしまうぞ」と言われ，あまりの怖さにパニックが収まらなかった人，「役立たずは消えてしまえ」と言われ部屋から出てこなかった人，これらはけっして一つの施設で聴かれた言葉ではありません。三浦さんは，そこにある関係性が他者の言葉の意味を解釈させると言いましたが，やはり，*1*で紹介した梅田さんが言うように，叱るときには言葉を選んでほしいと思います。学校や施設には，「閉じられた場所」という共通した構造があると思います。そして，逃げる場所のない閉じられた空間だからこそ，教師や職員などその場を動かす力のある者が，生徒や利用者などその力がないと考えられている者に対して用いる言葉には十分，留意したいものです。

支援をする人の傷つき

　支援をする人も支援を受ける人からの言葉に傷つくことがあります。とくに，就労移行支援を利用している人からの言葉はとても厳しいものがあると言います。職員は何にそれほど傷ついているのか，なぜ，彼らへの支援が難しいと感じているのか。ここでは，ある就労移行支援の事業所で働いている5名のスタッフから聴かせてもらったものをまとめます。

①簡単に崩れる関係

　　彼らとの信頼関係が簡単に築けたと思ってしまうような錯覚がありました。彼らは，いままで，学校や社会でつらい経験をいっぱいしていて，この施設に来ている。だから「この人は私を頼っている」「私が理解し応えなくては」といった思いを強くもったのですが，それがじつは錯覚だった

というか。何か，ほんの些細なことですぐに崩れてしまう。支援上で必要なことを言っただけであっという間に彼らの「敵」になってしまい，また最初からやり直し。彼らとの関係はすぐにわかり合えたと感じるし，築けたと感じさせるのだけど，実際にはすぐに壊れる。一見すると心が通じると思ってしまうのですが，じつはそうではない。

　この事業所のほとんどのスタッフが彼らとの関係に悩んでいました。外側からの視点で見ても，由美子さん（仮名　32歳）が語るように彼らとの関係はスタッフの何気ない一言で崩れてしまうほど脆いもののように見えます。その理由を考えたとき，事業所を利用している人々は，すでに他者との間で深い傷つきを抱えている場合が少なくないからだと思いました。彼らの傷つきが深いほど，初対面であってもとても友好的に振る舞うことがあります。その態度からスタッフが「関係が築けた」と解釈してしまうことも自然なことです。しかし，いったん何かうまくいかないことが生じたり，スタッフから否定されていると感じれば，彼らは自らを守るためなのでしょうが，すぐに対立に転じます。そして，今までとはまったく異なる彼らの態度にスタッフは裏切られたと感じることもあるかもしれません。しかし，彼らが置かれていた背景を理解しながら，自分の支援に対する視点を定め，辛抱強く彼らとの付き合いを積み重ねていくことでしか信頼関係を築くことはできないのではないかと思います。

②理解してもらえない

　　会話自体はスムーズで，私よりいろいろな常識や情報をもっていて，話しているとほんとに「障がい」を忘れてしまう。「この人は環境的に恵まれなかっただけで施設を利用しなくてはならなくなったのだ」と思ってしまうこともありました。でも，何かこじれると，まったく理屈が通じない。知的には問題がないはずなのに，自分の視点からしかものごとを理解しようとしない。いくら言っても理解してもらえない。こうなると，私のそれまでの一生懸命（な支援）はまったく関係なくなる。

事業所を利用している人の中には，言葉を流暢に操ることはできても，一方的な話し方をしたり，相手の言葉の意味を読み取ることに困難がある人がいます。美智子さん（仮名 37歳）が言うように，何かこじれてしまうと，そこにこだわり，スタッフの言うことに聴く耳をもたないようにみえることがあります。しかし，何かにこだわり，繰り返される彼らの言葉の中には，彼らが求めている「願望」が隠れていることがあります。彼らは自分の視点からしかスタッフの言うことを理解しようとしないと言われますが，スタッフはどうでしょうか。私たちは「あなた」の話を「あなた」の視点から聴けているのでしょうか。

③スタッフとして，人として否定されること

　　関係が深くなってくると，「スタッフとしてあなたは○○あるべき」「スタッフを辞めた方がいいんじゃない」「自分は障がいなんだから，あなたたちが僕に合わせて変わりなさい」などと言うようになってきて，たしかに一理はあると思うことを言うんです。でも，一生懸命にかかわっている私にどうしてそういうことを言うのか。ふつうは言わないんじゃないかと，私の気持ちをわかってくれないのかと情けなくなったり。人格を否定されることで，すっかりスタッフとしてだけじゃなくて，人間としての自信を失うようになって。もう，これ以上，自分が一生懸命していることを否定してもらいたくないという思いになるんですよね。

彼らへの支援の中で，彼らの言葉があたかも自分を「攻撃」していると錯覚し傷ついてしまうことがあるそうです。しかし，利用者が発する感情的な言葉から，その人が何に困っているのかがわかることがあります。スタッフの幸さん（仮名　23歳）に，「スタッフとしてあなたは○○あるべき」「スタッフを辞めた方がいいんじゃない」「自分は障がいなんだから，あなたたちが僕に合わせて変わりなさい」と言っていた人は，半年後に就労移行支援期間が切れることに焦っていました。けっして，幸さんを傷つけようとして言っていたわけで

はないのでしょう。新人である幸さんは他のスタッフから「あなたにはそのつもりがなくても，利用者との距離の取り方が近いから依存が強くなっているのかもしれない」とアドバイスされたそうです。たしかに距離の取り方が適切ではなかったという反省はあったそうですが，彼に言われたことは間違ってはいない部分もあるのだろうと感じることもあり，いまだに心の中に「私は支援者に向いているのだろうか」という思いが澱のようにとどまっているといいます。

関係性によって異なる言葉の解釈

　自分の思いを口に出して言える利用者は，そのときの自分が置かれている状況によって自分が思っている以上の言葉をスタッフに投げることがあります。スタッフはそれを受けとめることも支援と考えているので，たいがいのことは我慢しようとするのですが，それが自分の仕事の仕方や人格に及ぶと，「彼らがなぜそういうことを言うのか」といった背景に心を寄せることができず，彼らの言葉をそのままに自分の中に取り込んでしまい傷つくこともあるそうです。
　しかし，幸さんに傷つく言葉を投げた利用者が，お母さんと慕う別のスタッフに同じようなことを言ったときに，そのスタッフが「あ～，そうですか。悪かったね。もうあなたの支援は二度としないから」と笑いながら応じたところ，「うそ，うそ，ごめん」と謝られたという話を聞きました。この反応の違いは，幸さんと彼，別のスタッフと彼の間にある関係性の違いによるものだったと思います。
　支援を求めている人との間に一般的には人を傷つけてしまうと考えられる言葉がやりとりされたとしてもそこに「この人の人生を実りあるものにしたい」という強い意思に支えられた関係性が形成されていれば，ある人を傷つけるように聞こえる言葉も日常の何気ないやりとりの一つと受けとめられる言葉になるのかもしれません。

第7章

発達障害がある人の「ネガティヴ・フィルター」
──ネガティヴな眼差しや扱いを取り込む──

1 人の言動や表情をネガティヴに受けとる

「すべてのものから否定されている」

　「世の中のすべてのものから否定されているように感じる」と語るのは，"はじめに"で紹介した45歳になる藤本大地さん（仮名）という男性です。藤本さんが発達障害と診断されたのは40歳を過ぎたころでした。診断名はアスペルガー症候群です。知的には遅れがないため，それまでの対人関係における困難は藤本さんの性格によるものと解釈されていました。

　成人になってから発達障害の診断を受けた人々は，他者とともに生きていく上での困難に長い間苦しんだ末に診断という決断にたどり着いた人々だと思います。学齢期に不適応を起こして家から出ることができなくなった人，就職をしたもののうまくいかず何度も離転職を繰り返し途方にくれていた人，自分がどう生きたらよいのかを見失い，誰もが敵に見え攻撃的になっていった人など様々です。

　しかし，彼らが共通して内側に抱えている思いには，「自分の人生はこれからどうなるのだろうか」という大きな不安と，「何とか助けてほしい」という願い，そして，「人は信用できない」という信念のようなものがあるように思いました。「支援していると見せかけて自分を落としいれようとしている」「いつも馬鹿にしているような目で自分を見る」「どうせ何もできないと思っているような顔をしている」などと支援している人を表現する彼らの話を聴いてい

ると，彼らを取り巻く支援者たちはなんて酷い人たちなのだろうと受け取ることもあります。しかし，実際に彼らが語る「ひどい人たち」に会うと，彼らのことを心配し，何とか一緒に困難を乗り越えようとしている「とても優しい人たち」であることが少なくありませんでした。

　たとえば，「○○の場合は，こうした方が上手くいく」といった支援者の言葉を，「そうできないあなたは一生上手くいかない」と思っているのだろうと解釈したり，「クッキーの成型が上手だね」と言われたら，「成型以外は下手ってことなのだ」と受け取ったりする人もいます。さらに，ニコッと笑いかけた支援者に「何を笑っているんだ」と気色ばむ人もいます。第5章で紹介した山下哲司さんもそうでしたが，成人になってから診断され，公的なサービスを利用するようになった人たちは自分に寄り添ってくれる人々の言動や表情をネガティヴに受け取ってしまう傾向があるように思います。それはなぜなのでしょうか。支援者は「彼らにはあたかもネガティヴ・フィルターが存在しているようで，そのフィルターによって私たちの対応をすべて悪い方向に解釈しているように見えることがある」と表現します。

自閉症スペクトラム障害がある人の社会的知性
　自閉症スペクトラム障害がある人の社会的知性（他者の意図理解，比喩や皮肉理解，感情や表情理解など）に関する研究も進んできています（三橋ほか，2009；日高，2011など）。たとえば，三橋らの「発達障害児の表情認知に関する神経心理学的検討」という論文によれば，自閉症スペクトラム障害がある人の表情認知能力は障がいがない人に比べると低い傾向にあり，快表情の認知は不快表情の認知よりも良好であり，作り笑いのような認知は困難であると言われています。つまり，自閉症スペクトラム障害がある人は，他者が喜んでいるという表情は読み取りやすいけれども，怒っていたり，怖がっていたり，悲しんでいるといった表情を認知することは難しいということです。また，作り笑いや泣きまねのような矛盾感情の受け取りも困難であり，これらの特性は自閉症スペクトラム障害の中核的な障害と考えられています。このことから，自閉症

スペクトラム障害がある人は，他者の表情や視線などを手がかりにして何かをそのままにA＝AやB＝Bと認知する能力に困難があることがわかります。しかし，私が出会った知的に遅れのない発達障害と診断されている人々は，AをA，BをBととらえない傾向がみられるだけでなく，他者の表現しているAを－Aに，Bを－Bに解釈しがちな側面がありました。これはなぜなのでしょうか。

人間の思考は社会的なもの

　文化人類学者であるギアーツ（Geertz, C.）（1987b：295-297）は，「人間の思考は社会的なものであること」をバリ島における文化的装置に関する調査データの中からこう説明しています。

>　　一般的な理論的な目的―人間の思考は本質的に社会的活動であるという命題によって文化を分析するのに必要な目的―という背景に位置づけてみると，バリ島民のデータは特殊な重要性を帯びてくる。こういう領域（引用者注：文化的装置に関する領域）におけるバリ島民の観念は異常に発達しているだけでなく，それは西洋人の見方からすると，非常に変わっていて，表には見えない文化を概念化する上で，いくつかの異なる秩序間の一般的関係を照らし出してくれる。そういう関係は，個々人やある程度人間的な個々人の確認，分類，扱い方に対するわれわれ（西洋人）自身のあまりによく知られた捉え方だけを見ている時は，われわれには分からないものである。（ギアーツ，1987b：296）

　ギアーツによると，私たちがもつ観念や信念，価値観，表現形態は，特定の社会的文脈に適応し，刺激され，その文脈に影響を与えるものであると言います。この視点から，支援者がいう発達障害がある人のものごとのとらえ方（あたかもネガティヴ・フィルターが存在するかのような）を考えてみると，それは，やはり，彼らの認知能力の弱さといった中核的な障がいというよりも，他者とのかかわりの中で形成されてきた社会的な経験による産物と考えられます。

2 「頑張ればできると教えられてきた」

「卒業証書を返還したい」

　藤本大地さんの話に戻りますが，藤本さんは地元の小学校，中学校を経て，その地方では進学校として知られている高校に入学しました。藤本さんは「勉強ができたことが僕の人生の失敗です」と言います。勉強ができたことで，他の日常の生活のこともできるのだろうと周囲から思われていたところに大きな困難があったと言います。とくに，人とのコミュニケーションにおいて困難がありました。もともと内気で人との会話のやりとりは苦手な藤本さんでしたが，中学校時代に自分の周りから次々に人がいなくなったとき，「どうして」という思いだけが残ったそうです。人から相手にされなくなるほど，自分が人との会話において，「おかしなこと」を言っているのだろうか，「おかしなこと」をしているのだろうかと悩んだそうです。しかし，その自覚はまったくありませんでした。ただ「ひとりぼっちになってしまった」という思いだけが残りました。

　　今，僕は中学校と高校に「卒業証書」を返還したいということを書いて手紙を送り続けています。中学時代や高校時代にもっと学んでおかなければならない大事なことを僕は学んでいなかったのだから，卒業証書をもらうのはおかしいと思うのです。高校もそうです。中学校からやりなおさせるべきだと思うので，卒業証書を返したい。中学校を卒業する資格がないのだから，高校にも進学できるわけがない。だから，高校の卒業証書ももらう資格がないのです。

　藤本さんは数年前から卒業した中学校と高校に手紙を送っているそうですが，いまだ返事はありません。

第7章　発達障害がある人の「ネガティヴ・フィルター」

頑張ってもできない

　藤本さんは，小さいときから，「頑張ればできる」と教えられてきました。そのため，自分の弱さを克服するために，「頑張ってきた」と言います。しかし，自分にとってもっとも学んでおかなければならない大事なことは学んでこなかったような気がすると言います。藤本さんが言う大事なこととは「社会性を身につける」ということだそうです。これは，藤本さんが高校を卒業し，理科系の専門学校を卒業した後に，就職での挫折を覚えたときに思ったことでした。受けたところはすべて不採用。自分の社会性の弱さは中学校時代からの経験でよくわかっていたので，研究職につけば勤まるだろうと考えていたようです。しかし，いくら研究職といえども，他の人たちと協力しなければ成り立たない面もあり，藤本さんの一方的で他者の気持ちを推し量ることが難しいコミュニケーションのスタイルは採用面接で不適切と考えられたようです。

　就職を諦めようやく決まったアルバイトでもスキルは高いのだけれど，人間関係が上手くいかず辞めなければなりませんでした。藤本さんはこのことですっかり自信を失ってしまい，その後何年かひきこもりの生活をしました。しかし，その状況を心配した母親の紹介である工場に就職が決まりました。藤本さんの専門とはかけ離れたこの工場でそれでも一生懸命勤めたそうですが，結果的には解雇になりました。

自分の弱さを克服するために

　　社会に出る準備が足らなかったからだと思います。中学校のときから指摘されていたことと同じ。"自分が，自分が"ではなくて，もっと視野を広げることが課題だったのに，どうやったら広げられるのかがわからなかった。

　解雇されたことがきっかけになり藤本さんは医療機関を訪れました。やはり人とは少し違うという思いがあったからです。そこで，アスペルガー症候群と診断を受け，現在の福祉施設の事業所を利用するようになりました。

僕はけっして，自分の弱さを知らなかったわけではありません。小さいころから集団になじめない自分というのもありました。みんなと遊ぶよりも一人で遊んでいるのが好きでした。そんな僕をみて父親は「精神が弱いから鍛えなくてはいけない」と武道を勧めました。僕も父親がいうように，「精神が弱いからこうなるのだ。自信がつけばみんなと遊べるようになる」と思い込んで頑張りました。でも，今から思うと，僕は，一人でいたいのに，周りからみたら，そういう子どもは不自然で，みんなと一緒にいられるように努力していかなければならないという一種の「克服論」だったように思います。僕は自分の弱さを克服できないまま高校に進学したのです。

　高校進学を競争社会への入り口と感じていた藤本さんは，そのときは「勝った」と思ったそうです。しかし，その後の自分の人生を考えると結局は「負けてしまった」と言います。そして，「自分は何に負けてしまったのかを知りたい」という思いが藤本さんの現在を支えています。藤本さんは対人コミュニケーションにおいて対話のキャッチボールに困難があるだけではありません。自分に対する人の言葉や行為をどうしてもネガティヴに受け取ってしまう傾向があり，苦しんでいました。そのため，他者の自分に対する言葉や行為の真意を確かめることなく関係が終わってしまうことが多かったそうです。

ネガティヴ・フィルターはどこから？

　僕はいわゆる，小さいときから被害意識が強すぎて，たぶん，会話の中で相手を傷つけていることがあるのだと思います。人はつねに僕を見下しているように感じます。だから，否定される前に自分の言いたいことだけを一方的に話したり，攻撃される前に攻撃してしまおうと思ったりすることがあるのだと思います。僕と話をしている人は「あなたと喧嘩するつもりはないのだから，普通に話して」というほど，自分では普通に話しているつもりでも，すごい言い方をしてしまったり。自然に相手を敵とみなし

て話しているのかもしれません。僕は人の何気ない一言にとても敏感なところがあって、その何気ない一言を被害的に解釈して自分で納得しているところもないことはないのでしょうが。

藤本さんは、周囲の人々がつねに自分を否定し侵そうとしているように感じます。「侵す」というのは自分の内部に入ってきて、自分の信念を根こそぎひっくり返そうとしているように感じることです。「実際にそういうことがあったのですか」という私の問いに「実際にそういうこともあったけれども、みんなの態度からそれはわかりました」と言います。そのため、人と接したり、話したりすることが怖くなったそうです。

　　僕が言うことや、やることは、「常識では」「一般的には」という言葉ですべて否定されてきたのです。

私たちが誰かを育てる、教育するという役割を担おうとする場合、子どもが社会で生きていく上で必要なスキルをすでに学んでいると思えば、「えらいね」「きちんとできているね」などと特別に注意を払うことはあまりありません。そして、「注意したり、叱ったりすることで、もっと生きやすくなる」と考える部分に焦点を当てがちです。そのため、子どもはつねに叱られていると受け取ることがあります。また、育てる者が育てられる者に対してかかわるとき、集団の中でいかに上手く生きていくかのスキルだけに焦点を当てていたり、事実の善悪がどうあれ他者と対立することを避けることをあまりに優先したりすると、子どもの認知を歪めてしまう可能性も生じるように思います。

認知を歪める体験

たとえば、ある雨の日の夕方に、小さな子どもが母親に連れられて駅前の雑踏の中を家路に急いでいたとします。母親は買い物袋を手にいっぱい抱えているので子どもの手を引くことができません。通勤帰りの大人でごった返している中、子どもは母親と離れないように必死で後を追い歩いています。そのとき、

突然，隣の大人がすれ違う人を避けようとして差している傘を傾けました。そこに子どもがいることに注意を払わなかったのです。そのため，傘の先端が子どもの顔にあたり子どもは転んでしまいました。驚きと痛さで泣き出してしまった子どもに対して，母親はどう声を掛けるのでしょうか。「大丈夫？　痛かったね。急に傘が当たってびっくりして転んでしまったのね」と子どもを慰めたり，涙を拭いてやったりする母親もいます。反対に，子どものドロドロになった服や，大声で泣く声を聞いて，「何をやっているの？　あなたが周りをしっかりと見ずに歩いていたからでしょう。早く立ちなさい」などと叱る母親もいるでしょう。

　母親が生きている文脈はそれぞれで，いろいろな考え方があり，どちらの対応がよいかなどと外側から評価することはできませんが，一つ言えることとして，後者の場合，叱られた子どもは，顔に感じる痛みや，驚きに伴う恐怖を「自分がしっかりと歩いていなかったから」という思いだけに結びつけて考えてしまうこともあるいうことです。隣にいた大人の不注意な行動から生じた痛みや驚きが，子ども自身の問題として子どもの内面に取り込まれてしまうと，事実がどうであれ，子どもに「自分が悪い」と思い込ませてしまう側面も生じてくるのだと思います。

　藤本さんは「僕が言うことや，やることは，『常識では』『一般的には』という言葉ですべて否定されてきた」と言いますが，事実として「すべて」ではなかったと思います。しかし，そう思い込む背景には積み重ねられた経験があるのではないでしょうか。藤本さんの語りの中では，その一端を知ることができるエピソードが多く聴かれます。

　　　僕は小さいころから，いろいろなことがとても気になる性分でした。気になるから親や周りの人に聞いて，一応答えてもらうのだけど，それでもよくわからないときはまた聞いて。聞いたらまたわからないところが出てくるから，また聞いて。最後には「うるさい」「しつこい」って怒られて，なんで怒られているのかはわかりませんでしたけど，僕は「しつこい人

第7章 発達障害がある人の「ネガティヴ・フィルター」

間」なのだということはわかりました。「しつこい人間」は嫌われるから，しつこくしないのが普通だと言われました。僕はいまでもその性分は治っていないから，嫌われています。

　藤本さんは親や周りの人々から「しつこい」と言われ，そのときの，親や周りの人々の怒るという表現から「自分は嫌われている」と受け取りました。誰かを怒ることがそのまま誰かを嫌いということにはつながらないのですが，人が怒るときの声のトーンや大きさ，態度から，嫌われていると思い込んでしまうことはあると思います。小さな子どもですと，よりそういう傾向は強まるのではないでしょうか。

「僕は嫌われている？」

　藤本さんはいまだに細部にこだわり，一度気になると聞かずにはいられないそうです。しかし，こういった面はなかなか受け入れられてもらえず，いろいろな場所（事業所であっても）から出入りを禁止されたり，メールアドレスを知らないうちに変更されて連絡が取れなくなる場合があるそうです。これらの経験に対しては「自分は嫌われているから」と納得しながらも，複雑な思いが湧き上がってくることもあると語ります。

　藤本さんは私の研究調査に快く協力してくれています。面接で会うだけではなく，ほとんど毎日どこかで開催されている研修会や研究会，発達障害に関連した文献などをメールで教えてくれます。自分でどうしたらよいのか判断できないことがあれば，それもメールで書いてきます。一日に何度もメールをくれる日もあります。

　世の中には，毎日メールが何度も来るという状況を好ましく思わない人もいると思います。私もはじめのころはどう返事をしたらよいのかわからなかったり，返事を書く時間が確保できなかったりして困っていたのは確かです。友人からのアドバイスもあり「週に一度にしてください」などとお願いしようかと一瞬考えたこともありますが，藤本さんが書いてくれている内容は，ほとんど

が私の研究に役に立つと藤本さんが思っていることや，そのときに藤本さんが困っていることだというのがよくわかりましたし，人と人との関係の中で，頻度を決めるなどは失礼だろうと思いやめました。その代わりに忙しいときには，「教えてくださって有難うございました！」，困っていることに対しては「私なら○○します」とだけ返事をしますが，藤本さんはそれで満足してくれているようです。最近では，時候の挨拶や，たまに「こんな集まりがありますよ」と知らせてくれるだけでメールはあまりこなくなりました。「新しい活動を始めた」と言っていたので，藤本さんも忙しくなったのかもしれません。

社会にある暗黙のルール

　自閉症スペクトラム障害がある人への対応について書かれた本はたくさんあります。その中に，「ルールを決める」というものがあります。彼らは社会的なルールを理解することに困難があるため，そのルールを提示することによって集団で生きやすくなると説明されています。なぜならば私たちの生活には暗黙のルールがあり，そのルールの理解がなければ，「変わった人」「常識がない人」と判断されることがあるからです。藤本さんのように一日の間にあまり親しくない人に何度もメールをすることはたぶん社会の暗黙のルールには従っていないことだと思います。そのため，人は暗黙のルールを守れない人とは距離を置こうとしたり，否定的な見方をしたりしがちなのだろうと思います。

　このルールということに関して，自閉症スペクトラム障害の子どもたちが苦手だと言われている感情表出ルールについて話をします。たとえば，こういう場合を考えてみてください。あなたは知り合いの子どもの誕生日に何かをプレゼントしました。子どもがそれを見て「いらないので返します」などと言ったとき，あなたは戸惑わないでしょうか。一般的には戸惑う人の方が多いと思います。関係の違いによって戸惑いの度合いは異なるとは思いますが，知人の子ども程度であれば，腹が立つというよりも，驚くのではないでしょうか。なぜならば，そこでは当然，気に入ろうが気に入らなかろうが，「有難う」「嬉しい」といった言葉を期待するからです。

第7章　発達障害がある人の「ネガティヴ・フィルター」

　発達に障がいがある人，とくに自閉症スペクトラム障害がある人の言葉の使い方には特徴があると言われています。ハッペ（Happe,F.G.E.）（1996）によると，彼らは，聞き手を戸惑わせる話題転換，同一話題の間をおかない反復，聞き手の知識状態への無頓着，対象指示の特殊すぎる表現，自己流の言語表現，結束関係利用（文と文の間の意味のつながりを結ぶこと）の失敗などの特徴があるといいます。日本で成人の自閉症スペクトラム障害者を対象とした調査の結果（大井，2002）からは，20歳代半ばの青年たちの会話に，些細なことについても交渉できない，率直に物を言いすぎる，自分だけが長々と話し続ける，断りなしに話題を変える，相手を不快にする言葉遣い，視線・表情・対人距離などの非言語的要素の問題，相手の言葉の意味を推論できない，冗談・比喩・反語の理解困難などが指摘されています。

　また，大井は「彼らの言語使用能力は成長しないわけではないが，発話のレパートリーが拡大し洗練されても，克服されがたい問題が残っていくのである」と述べています。この「克服されがたい問題が残る」という言い方は，彼らの語用法が「克服しなければならない問題」としてとらえられていることを意味しています。藤本さんを苦しめた「克服論」がここにもあります。克服されなくてはならないということは，私たちが彼らの語用法を一つの方法として受け入れてはいないことを示します。なぜならば，彼らの方法で話をすることで，自分たちが気を悪くしたり，戸惑ったりすることがあるからかもしれません。

　発達に障がいがある人の中には，自分たちが決めたルールやルーティンを侵されると状態が不安定になる人がいると言われていますが，私たちも自分たちの「ルール」を侵された場合には，彼らと同じように不安になることがあります。そして，その不安を埋めるために，自分たちのルールに彼らを当てはめ，「克服させよう」としていないでしょうか。その場，その場にはそこを支配しているルールがあり，暗黙のうちにそのルールに従うことで自分を安定させ，自分は間違っていないと考えたいのかもしれません。ルールには例外が必ずあるはずなのですが，その例外を探し，受け入れようとは考えません。なぜなら

ば，そもそも自分がその場所のルールに縛られていることに気づいていない場合もあるからです。

　先ほどの「いらないので返します」と言った子どもに対しても，その言葉の背景を聴かなければ「もうプレゼントはあげない」と言うことで自分を納得させるでしょう。しかし，もし，その子どもに「せっかくあげたのに何で返すの」と聴けば，「今度また欲しくないものをもらったら，返さなくてはいけないから」「欲しくないものにお金を使わせるのは悪いから」「『いらない』と言うことは親切なこと」と言うかもしれません。「いらないので返します」といった言葉は，一般的な感情表出ルールには従ってはいませんが，その理由を聴けば納得できるものである場合が少なくありません。理由を聴いても納得できない場合もあるでしょうが，子どもの反応に対する戸惑いや不安は払拭されるのではないかと思います。私たちも本当は欲しくないものをもらったときに，それを相手に率直に伝えることができたらどんなによいだろうと思う場合もあるでしょう。しかし，それはなかなかできません。もし伝えてしまったら，相手との関係が崩れてしまうのではないかと怖れたり，相手を不愉快にさせてしまったのではないかという罪悪感に苛まれることになってしまうからです。もし，そこに「欲しくないものははっきりと伝えることが礼儀だ」というようなルールがあればこのような感情をもつことはないでしょう。ルールに縛られていることはどうにも不自由なことです。あまりに深く根づいたルールである場合には，私たちの感情までも支配されてしまうのです。

積み重ねられた経験と感情

　"はじめに"で，就労や家族をもつことを勧める私の言葉に対して，「就職や結婚が幸せだと考えますか？　やっぱり，あなたもそうなのですか？　僕はそういうところで生きてはいないのです」と言った言葉の背景には，藤本さんの考え方が，私たちの世界ではあまり一般的ではなく受け入れがたいものとして扱われてきたことがわかります。私が衝撃を受けたのは，この「やっぱり，あなたもそうなのですか」という言葉でした。藤本さんの世界を理解しようと話

第 7 章　発達障害がある人の「ネガティヴ・フィルター」

を聴いていたはずなのに，知らず知らずのうちに，藤本さんが生きている世界を受け入れていなかったのかもしれません。就職したり結婚することを当たり前のように私が語っていたことに藤本さんは違和感を覚えたのでしょう。そして，この「やっぱり」という言葉は，それまでの藤本さんの経験が言わせたものだとも思いました。

「自分の考えや生き方は他者から受け入れられていない」，そういう思いをずっと抱えながら生きてきたと言います。小さいときには親との間で，学生時代は友達や教師との間で対立が生じ，距離を置かれ，就職活動もうまくいかず，やっと決まったアルバイトで一生懸命働いても解雇され，事業所でさえも丁寧に話を聴いてくれない。周りの人は藤本さんにははっきりと理解できない理由でかかわりを避けようとする。いつのまにか一人ぼっちに。こういった経験の積み重ねの中で藤本さんは自分は受け入れられていないという思いを形成したのだと思います。中には事実とは異なり誤解が生じている場合も少なくはないと思いますが，藤本さんの人生における経験の積み重ねから形成したネガティヴなフィルターを通して解釈すれば，すべての言葉が藤本さんを否定しているように聴こえるのかもしれません。

　　自分の考え方や，振る舞い，人との関係のもち方など，この社会ではたぶん受け入れられにくいのかもしれませんが，怒ったり嫌ったりせずに，それはそれで認めて一緒に生きていくことはできないのでしょうか。できない理由があるなら教えてください。

藤本さんの問いに対してどう答えたらよいのでしょうか。メールが頻繁に来るようになり，知人からのアドバイスとはいえ，メールを受け取る頻度にルールを設けようかと一瞬考えた私は，藤本さんが私に何を伝えようとしていたのかの内容（私に「何かをしてあげたい」という思い）を受け取らずに，「ルールを提示する」という自閉症スペクトラム障害への対応を参照していたように思います。たとえ，調査者と調査協力者という関係の中でも失礼な対応をしようとしていたのではないかと反省をしています。

藤本さんの「できない理由があるなら教えてください」という問いに対していろいろ考えましたが，明確な理由はみつけられません。たとえば，このメールの話に関しては，忙しいときには「忙しいので短いお返事しかできません」，聞かれたことがわからなければ「お尋ねの○○については知りません」と返事をすればよいだけのことのように思います。ただ，あるとすれば，感覚的な違和感だけです。この違和感は，藤本さんに対してだけではなく，「忙しいので短いお返事しかできません」「お尋ねの○○については知りません」と返事をする自分自身に対しても覚えることです。前者はこの違和感が「戸惑い」に繋がったり，後者は「罪悪感」に繋がったりするものです。人はそういう感情を抱えたくないのだろうと思います。そのため，そういう感情を喚起する相手とは距離を置こうとするのかもしれません。また，そうした感情が喚起されるには私たちの中にある判断基準が影響していることが少なくありません。

みんなと同じように，みんなと仲良く

一般的な社会が大事にしている考え方の中に「みんなとうまくやっていく」「人に迷惑をかけない」というものがあります。これは社会という集団で生活をする私たちが小さいころから教えられてきたことです。そのため，子どもが仲間はずれにならず，社会で上手く生きていくために，「みんなと同じように」「みんなと仲良く」ということに重きをおいて，子どもを社会化しようとします。

日本社会の「他律的」や「恥の文化」(Benedict, 1946/1967) などといわれる一般社会のあり方を参照すれば，そこから外れないように生きることを「善」とするような風潮が現れるのも不思議ではありません。集団における「同質性」や「同調性」は日本の文化構造の反映であり，日本社会の民族・文化・言語が同質的な社会においては他者と異なったことがよい意味で用いられることは多くありません (竹内, 1981：28-29)。

こういう社会だからこそ，藤本さんは生きにくいのでしょう。その上，藤本さんが集団における「同質性」や「同調性」に疑問を感じていたり，それらを

第7章　発達障害がある人の「ネガティヴ・フィルター」

身につけることに困難がある場合，集団の中で一緒に生きていくことは難しいかもしれません。しかしそれは藤本さんだけのせいではなく，私たちの側の問題でもあるのです。一緒に生きていくためにどうすればよいのか。それは，「異質な振る舞いをする人は相手にしない」「自分が罪悪感を覚えなければならないような相手とは付き合わない」という冷たい考え方をするのではなく，藤本さんの思いや振る舞い，人との関係のもち方がどのようなものなのかについて，藤本さんが生きてきた道筋から理解しようとするところから始めるしかないと思います。

3　「僕がいてもよい場所がある」

　藤本さんと同じように，自分に対する他者の眼差しや言動に悪意が含まれているのではないかと不安になり，人とのかかわりを避けて生活していた人がいます。しかし，完全にではないものの，今ではかつてのようにネガティヴな視点からだけで解釈することが少なくなってきたと言います。

アルバイトする中で居場所をみつけた
　中村宗也さん（仮名）は注意欠如・多動性障害とアスペルガー症候群の重複障害と診断された21歳になる男性です。今は，専門学校に通っています。中村さんは中学校時代に不登校を経験しています。高校には進学せず，高等学校卒業程度認定試験を受けて専門学校に進みました。中学校を卒業して家に引きこもっていたときに，親からお小遣いをストップされたため，「自分で使うお金は稼ぐしかない」と思い，近所の小さな店でアルバイトを始めました。このアルバイトで，中村さんは心の奥底で固まっていたある思いが徐々に溶け出してきたのを感じたと言います。アルバイト先には中村さんと同じような若い人たちが働いていました。店長も「昔やんちゃをしていたこともあるよ。人はいつでも変われるのだからしばらくはここでゆっくりと働いて将来を考えたらよいよ」と明るく笑って受け入れてくれました。そのお店で，たこ焼きや焼きそば

第Ⅱ部　実践の中のナラティヴ

を焼くことも覚えました。上手に焼けると，「お前，上手いなあ」とめちゃくちゃ褒めてくれたと言います。お客さんも「お兄ちゃん，美味しいわ。頑張りな」と，まるで中村さんの事情を知っているかのように励ましてくれました。

> 僕が受け入れられる場所があるのだということがとても嬉しかったです。僕が焼いた，そんなに美味しくもないようなたこ焼きや焼きそばを「美味しい」と言ってくれるお客さんがいる。バイトの先輩も何も詮索せず，「これからよいこともいっぱいあるよ，若いんやもん」と言ってくれる。こんな場所があることに驚きました。

中村さんはこのバイトの中で，受け入れられる場所があることに驚いたと語りました。なぜならば，中村さんはそれまでの人生を，藤本さんと同様に，「すべて否定されているような人生だ」と感じていたからです。

中村さんが中学校のときに，なぜ不登校に陥ったかといえば，担任の先生だけではなく，学校全体から「拒否されている」と感じたからでした。この思いは中学校時代だけではなく，小学校のときからずっと感じていたことでした。小学校の先生から，「あなたはクラスをむちゃくちゃにしているのがわかりますか」と言われたことがあります。中村さんには先生の言葉の意味がよくわかりませんでしたが，クラスにいてはいけない存在なのだと感じたそうです。

今振り返って考えると，先生にそう言われた理由も少しわかると言います。たとえば，中村さんは先生の指示に一度では従えませんでした。先生が指示することを聞いていないわけではなかったのですが，先生の声掛けがあまりにしつこかったり，納得できないことであったりしたため，何度も注意されなければ指示に従いませんでした。先生は中村さんの行為に対して，「わざとやっているの」と感情的に反応したそうです。わざとやっていなかったとは言いきれないそうですが，あまりに感情的に叱られると，中村さんも素直に従えず，いつまでたっても悪循環で，関係は悪化するだけでした。中村さんは，この先生の態度を「対応」ではなく「反応」と表現しています。子どもながら先生の態度が教育的対応というよりも感情的反応であるように映り，中村さんの反抗的

第7章 発達障がいがある人の「ネガティヴ・フィルター」

態度に拍車を掛けていったそうです。

> 今から思うと，ただただマイナスなかかわり。先生が僕と同じ土俵で，同じような生理的な反応。感情的に高い目線から。子どもがそれを理解できますか。すべてを否定されているとしか思えませんでした。

中学校に進学してからも，中村さんの心の中には言葉で説明できないような「怒り」が澱のように残りました。これらの小学校のときの態度が中村さんを障がいの診断に繋いだのですから，その怒りをより強固なものにしたと思います。そして，「僕は嫌われている」と強く思い込むようになったそうです。そのため，当たり前のことで指導されているときも，自分の全人格を否定されているように受け取りました。中学校では状況はさらに悪化し，中村さんはついに1年生の2学期から学校に行かなくなってしまったのです。きっかけになった出来事はありました。学校で火災報知器のボタンを押したのです。1年生から3年生まですべての生徒が授業をつぶして避難しました。これには先生たちからだけではなく，上級生の2年生や3年生からも「お前のせいでめんどうくさい」と非難されました。「もう，学校には行けない」と中村さんは思ったそうです。この事件がきっかけだったとは言いますが，それまで学校には居場所がないと感じていた思いが中村さんを不登校へと後押ししたことは確かだと思います。

> 僕は謝ることができない人間だと言われました。つねに薄笑いをしている反省のない子ども。そんな子どもは不気味でいらない。みんなそう思っていただろうし，僕だってそう思っていました。思っていたからよけい嫌われるように自分を仕向けた。

中村さんは，他の生徒に比べると突飛な行動が多い生徒だったようです。教室で配られたプリントは紙飛行機にして飛ばす，チョークの粉で教室のあちこちを汚くする，注意している人の口真似をしてからかう，授業始めから終わりまで先生に向かって「出て行け」と叫ぶ，突然奇声を発して授業を妨害する，

など，教員にとっては奇異としかみえない行動の連続だったと言います。しかし，それらの行動の背景には，「居場所がない」という一つの思いがあったのだと思います。こじれきった関係の中で，まだまだ力のない中学生の中村さんが選んだ唯一の方法が，先生から見れば「奇異」に映る行動だったのだろうと思います。しかし，当時は，中村さんの「どんな自分であっても居場所を作ってほしい。受け入れてほしい」という思いに誰も気づく余裕がなかったのだと思います。

その後，希死念慮にまで繋がってしまい苦しむ期間もあったそうですが，現在も続けているアルバイト先で「少しずつリハビリをしているところ」と言います。子どもにリハビリをさせなくてはいけないような出来事がどうして起こったのだろうと残念に思いもしますが，アルバイト先の人間関係の中で，中村さんの「怒り」が徐々に溶け出しているように感じたりもします。

人の行為の背景には「他者の存在」がある

人の行為は，他者との関係性の中で現れます。一人で「怒ったり」「恨んだり」「暴言を吐いたり」「暴力を振るったり」はしません。そこには必ず誰か他者の存在があります。私たちは，ある人の行為について「これはよい」とか「これは悪い」と評価します。あたかも，その個人の特性から発した行為を「よい」「悪い」で評価しているように聞こえますが，その評価の中に，「自分自身が入り込んでいること」や，「自分も関与している関係性の中でそうであること」を考えていないように感じることがあります。

ベイトソン (Bateson, G.) (1982：89) は，人を言葉で表現するときには，通常，相互反応の片側だけが協調されるといいます。ある石を例にあげ，「この石は静止している」ということが，観察者または別の物体との相対的位置により表現されているだけであり，科学や認識論においてはこのような語り方ではこと足りない。相互作用のないところに「その性質はない」と言います。

発達障害がある人の中には，人の言葉や行為を自分を侵し，傷つけるものとして受け取る人がいます。これは，彼らの脳にその原因があるというよりも，

第7章　発達障害がある人の「ネガティヴ・フィルター」

彼らが人や環境との相互的な関係の中で「ネガティヴな眼差しや扱い」を受け続けてきた結果生じていることとも考えられます。つまり，これらの具体的な眼差しや扱いを「内なる他者」として自分の内部に取り込むことによってさらに自らを苦しめ，他者と関係を結ぶことを恐れさせます。

内なる他者は決して一人ではなく，複数の他者がその内部に含まれるはずです。私たちも「あなた」の「内なる他者」の一人になります。できれば，「あなた」が自分の人生を立て直し，怖いと語る世界に光を差し込ませることができるように傍らから「あなた」を支える他者でありたいと思います。

（1）　この「内なる他者」について，浜田寿美男は「羞恥」という感情を例に挙げてその存在を説明しています。たとえば，人が感じる「羞恥」という感情は人間の自我二重性のあらわれであり，人間が生活史の中で積み上げてきた価値観のあらわれだと言います。たとえば，「障害」ゆえに人が羞恥を感じるとき，それは，「障害」を蔑み，差別する世間の目が自分自身の中に存在していることをあらわすものだということです。つまり，「内なる他者」とは，実際の「見る─見られる」という能動・受動の関係の中で，現実の他者が現前しないところでもこの二重性が成り立ち，自分自身の中にある種の「他者の評価や判断」が存在することを意味しているのです（浜田, 1992）。

第8章

「あなた」から私たちに伝えたい思い

1 「同じ歩幅で歩いてほしい」

　発達と身体に課題のある佐々木裕子さん（仮名）は現在25歳になる女性です。誕生時に500ｇしかなかった佐々木さんには身体に障がいが残りました。後に発達にも障がいがあると言われました。身体に関しては何度かの手術を経て，現在は車椅子による生活をしています。20歳のときに一人暮らしをはじめました。面接当日も，一人で車椅子に乗り面接場所に来てくれました。佐々木さんには人を笑顔にさせる役者になりたいという夢があります。今はその夢に向かって進んでいる途上です。

　　今まで，自分の思い込みで周りに迷惑を掛けてきたんだろうなあと思います。とにかく，自分をストレートに出せなかった。周りに迷惑を掛けたらダメだって我慢ばっかりしていました。その我慢が結局，迷惑だったのですけどね。

　佐々木さんが語る「その我慢が結局，迷惑だったのですけどね」という言葉の意味を聴かせてもらうことになりました。

私は「かわいそうな子ども」？
　佐々木さんは生後身体に障害が残ったので，しばらくの間は親元を離れて，病院で暮らしていたそうです。そのころのことはもちろん覚えてはいませんが，周囲の人からは「大変だった」「ずいぶんと心配した」と聞きながら育ちまし

た。自分でも身体介護を人にお願いしなくてはならない状態だったことがわかりますので,「大変だったのだろうな」と思っています。このことが原因ではありませんが,「自分は人から支援を受けなければ生きていけない人間なのだ」という思いはずっと抱えていたようです。

　小学校の間も入退院を繰り返しました。高学年になってやっと身体的な状態も安定し,訓練と並行しながら地元の学校に通うことができるようになりました。小学校5年生のときに友達とバンドを組んだそうです。佐々木さんはボーカルを担当しましたが,すぐに解散してしまったそうです。

　　絶交されたんです。辛くはないですけどね。自分が引き起こした結果ですから。私が生意気だったからですよね。自分勝手だったんです。でも,後悔はしていますよ。

　佐々木さんは,自分をストレートに出せないと語っていました。しかし,それが友達との間に対立を生んでしまったのかもしれないと言います。自分の希望や夢を口に出して言ってはいけないと思っていたので,その代わりに「練習を休む」「勝手に練習日を変える」などの行動でわかってもらおうと思ったようです。しかし,この行動はメンバーにとっては理解できなかったようで,自分勝手な佐々木さんとはやっていけないと解散になりました。

　卒業後,地元の中学校に進学しました。ここでも「これといってよい友達は増えませんでした」と言います。

　　あのね,障がいがあるから寄ってきてるんだろうと思っていた。「かわいそうな子」とか。私は学年の子をそういうふうにしか見ていなかった。信用してなかったんですね。私がかわいそうだから寄ってきてるんだと思い込んでいた。本当は別に寄ってこなくったっていいんだけど,かわいそうな子に寄っていくって先生からも褒められるじゃないですか。だからだとずっと思ってました。私は,頑固で,いじっぱりで,こだわりが強すぎて,ですかね。

中学校での3年間は友人とは距離を開けながらも,「死と向き合う大事な3年間だった」と表現します。愛犬の死,可愛がってくれた祖母の死に出合いました。この経験から「命」は尊いものだと知ったそうです。

佐々木さんは「命」の大切さや尊さを学んだ経験がもう一つあると言いました。この経験は,佐々木さんをとても変えた出来事だったと言います。ここに書かせていただくことには躊躇しましたが,他の人にも繰り返し語ってきたというエピソードでもあり,この部分を書かなければ,佐々木さんを理解することはできないと思いますので,少し触れさせていただくことにします。じつは,佐々木さんが面接の部屋に入ってきてすぐに「お母さんは『あなたが生まれたときに,もう,一緒に死んでしまおうかなって思った』って言いました。でも,私が,赤ちゃんの私が,お母さんに対して笑いかけた。だからやめたんですって。私が笑ったからやめたんですよ」と語りました。はじめてこの出来事を聞いたときには,受け入れがたい経験として苦しんだと言いますが,母親との対話の中でそのときの思いを聴いて,「お母さんの苦しみがどれほど大きかったのかを知った」と言います。

> 笑うってすごいんだなと思いました。私が笑ったから,私もお母さんも今生きている。だから私はみんなを笑顔にできる役者になりたいと思っています。お母さんとじっくりと話をしてから,甘えたり,ちょくちょく悩んでいることを相談するようにもなったんですよ。

佐々木さんはこの経験をお母さんの言葉を聴くことによって乗り越えたといいます。そして,乗り越えるきっかけになった「笑う」ということをこれからの人生で自分だけではなく,苦しんでいるかもしれないすべての人に「役者」という仕事を通して届けたいと思うようになったそうです。

今は,一人暮らしをしているために家族に頻繁に会うことはありませんが,困ったときや相談したいときにはいつでもそうしてもよいのだという安心感があります。お母さんがおっしゃったそうです,「どんどん前を向いて行きなさい。困ったときや悩んだときは後ろを振り返ればよい。そこにはいつもお母さ

んがいるから」と。

　佐々木さんの25年間の生活を振り返って，そこには楽しいことばかりではなかったと思います。つねに，何かの訓練や誰かの支援を受けながら生きてきました。その中で，支援者にお願いしたいことがあると言います。

支援者と一緒に「私」も変わる

　佐々木さんには発達だけではなく身体に課題があるので，日々の暮らしの中で支援を受けなければ生活できないこともたくさんあります。こうした暮らしをしているからこそ，最近になって思うことがあるそうです。

> 支援者に「押しつぶされるのはだめだ」と思っています。なんでもかんでも受け入れて，受け入れているのだけど，内心は反発だらけで。そういうのはだめじゃないかと思うようになりました。うちら側も理解しないといけない。実際の支援がマイナスなこともあるけど，私のことを考えているから，そういう反応なんだと我慢してばっかりはだめ。だって，嫌いになるもの。

　佐々木さんは，ヘルパーや支援者の提案やすることに「ちょっと違うよ」と思っても諦めて受け入れていました。ときには我慢が限界を超えて大喧嘩をすることもあったそうです。佐々木さんは，どんな場合に諦めたり，大喧嘩を引き起こしてしまったりしたのでしょうか。

> やらなくてもいいことまでやってしまう。節度を越えるんですよね。私はたくさんできることがあるのに，できないと決めつけてさせてもらえないこともいっぱいありましたよ。そんなときは，ものを投げつけて「お前なんか帰れ。いらんわ」と怒ったこともあります。馬鹿にされていると思いました。

　たしかに，支援者が，身体や精神，知的に障がいがある人には「できない」と思い込んでいれば，「私が代わりに」「私が補って」という善意の行為をしが

ちです。しかし，それが支援を受けている人たちを傷つけることになっていることもあるのだと思います。そして，支援者は善意から行動しているので，自分たちの行為が支援しようとしている人を傷つけているなどとはなかなか想像できないのです。

  私はね，昔，支援者は全部「クズ」って思っていました。今だから言えることですけどね。クズっていうのは過保護っていう意味です。心配するのは当たり前とは思いますが，限度が過ぎます。自分でしようと思ってたり，できることを先にされると「クズが余計なことをして」って思っていました。でもね，今は少し違います。その人の優しさも全部わからないといけない。認めないといけない。ちゃんと向き合ってくれる人もいると気づいたから，そういうふうに思っていた自分を反省。他の人にもそういう考え方に陥ってほしくない。自分が嫌な体験をしていたから。支援者にもよい人がいる，そういうふうに思わないとだめ。

佐々木さんは今でも支援者の中には，節度を越え，佐々木さんの先回りをしてすべてやってしまおうとする人もいると言いながらも，「その人の中にはきっと優しさがあるのだと思う」と言います。だから，何かをしようとするときには一言聞いてほしいと言います。「～しか頼まれていないけど，～もしようか」と聞いてくれれば，困っていればお願いするし，困っていなければ断ることができます。

  支援する側，される側，歩く速度が違うだろうけど，できたら同じ歩幅で歩いてほしい。

佐々木さんは支援者にこう望んでいます。「同じ歩幅で歩いてほしい」。障がいがある人とない人が同じ歩幅で歩くことは難しいことなのでしょうか。とくに支援する側とされる側といった関係性の中にはその難しさを生じさせる要因があるのでしょうか。佐々木さんは面接の最後にこう語りました。

支援される側も理解しないといけない。私も変わらなくてはいけない。
人に何かを要求するときには、私も人の要求をうけなくちゃいけない。

佐々木さんは今も支援の手を借りながら一人暮らしをしています。自分に合った支援をお願いするようにもなりました。支援者のアドバイスにも従うようになりました。そして、人と人とのこうした関係の中で「同じ歩幅で歩いてほしい」という願いも叶うようになってきたのです。

2 「他愛もない普通の対話もしてみたい」

事業所や施設を利用して支援を受けている人のほとんどが、スタッフや職員と「普通の話もしてみたい」と言います。彼らが言う「普通の話」とは、自分たちの支援にかかわる話だけではなくて、日常の中にある他愛もない話をしたいということです。「支援に関することではなくて、他愛のない話？ 支援施設なのに？」とスタッフや職員は不思議に思うかもしれませんが、一日のほとんどをそこで過ごしている人々にとっては、たまには他愛もない話をしたい気持ちが生じるのは自然なことだと思います。

「あんたたちはそんなことじゃないと聴いてくれないじゃないか」

塩野恵一さん（仮名）も他愛もない普通の話もしたいと語った一人です。塩野さんは知的と精神に軽度の障がいがあるため、自立訓練と余暇支援を受けるために施設を利用しています。現在は50歳になる男性です。塩野さんは自宅で生活しながら、数年前からAとBの２つの施設をそれぞれの目的に応じて利用していました。当時、塩野さんは自宅では「AとBで上手くいっていない」「困ったスタッフから酷い扱いを受けている」と話すので家族を心配させ、Aでは「自宅での親との関係に悩んでいる」「Bの施設のやり方が合わない」と言い、A施設のスタッフを不安にさせました。そして、Bでは自宅とAでの困りごとを話すのでそこでも塩野さんについての事例検討会が頻繁に開かれまし

た。それらはすべて聞き流すことができないような内容なので，家族も各施設のスタッフも何度も個別に時間をとって塩野さんの困りごとを真剣に聴くことにしました。ある日，あまりに訴えが頻繁なので，ついに家族を含めて，AとBのスタッフも同席した会議を開くことにしました。このままでは，塩野さんのQOL（Quality of Life：生活の質）が損なわれてしまうと思ったからです。

　ところが，実際は塩野さんが訴えていたことのほとんどが作り話だったことがわかりました。そのため，そこに集まった家族もスタッフもすっかり情けなくなったようで，思わず，「どうして，そんな嘘をいうのか」「もめさせたいのか」と塩野さんを責めました。すると，塩野さんは，「あんたたちはそんなことじゃないと聴いてくれないじゃないか」と言ったのです。塩野さんのこの言葉を聴いて，そこにいるみんなが「塩野さんはただ私たちと話をしたかっただけだったのかもしれない」「私たちの関心を引くために作り話をしたのかもしれない」と申し訳なく思ったそうです。もし，塩野さんが何も問題を抱えていなければ，頻繁に話をする時間は取らなかったからです。

人とのかかわりを求めて

　塩野さんだけではなく，「障がい者だということでスタッフから酷い扱いを受けている」「障がいがあるから生活に不自由がある」などと月に何度も警察の派出所や保健センターを訪れたり，普段はかかわりのない他の施設に同じような訴えをするために電話をしたり，自分の施設を訪れるオンブズマンにたびたび自分が置かれている窮状を訴える人がいました。中には，実際に不適切な対応を受けている場合もありますが，よくよく話を聴いてみると，そのほとんどが話し相手を求めての行動のように思えます。

　アスペルガー症候群の当事者である高森（2012）は，彼らが訴えている内容が，社会から障がい者に対して暗黙のうちに期待される障がい者観に沿って考え，発言し，行動せざるをえない状況にいるから生じると説明しています。いわゆる「障がい者役割」の一つの形です。しかし，その形が作られた背景には，障がいがある人の「できなさ」や，それゆえの「困難」に焦点を当てがちな私

たち側のあり方が関係しているのではないかと思います。そのため，利用している人々からみれば，自分に話しかけてくれる内容が「ある領域（障がいがあるために生じている困難）」に限られているように感じ，人々が関心をもってくれるその領域にあわせた発言を選ぶのだろうと思います。

　スタッフや職員が休憩も取れない勤務体制や，施設利用者の高齢化・重度化による支援負担の中で，一人ひとりの利用者と会話をすることは難しいと思います。本当はじっくりと時間をかけて，彼らが求めている「他愛もない話」をしたいのだと思いますが，その余裕がないのも確かです。しかし，塩野さんが望む他愛もない普通の話は，障がいがある人の支援を考えるために重要な情報を与えてくれるものでもあります。その対話の中で，塩野さんの思いが語られることが多いと思うからです。

　私はかつて施設から問題行動の変容を要望されて，ある人に出会いました（山本，2008c）。軽度の知的障害がある奥村幸男さん（仮名）という50歳代の男性です。奥村さんとの面接は週に一度2時間として2年間続けましたので，最後にはほとんど何も話すことがなくなりました。その間に，奥村さんの性癖や人に対する攻撃的な態度といった問題行動が完全に消失したというわけではありませんが，施設の職員たちがそれを問題ととらえなくなってしまい，「もう変わってもらわなくてもよいです」と笑って言うようになってきたからです。

　職員が奥村さんの行動を問題ととらえなくなった背景には，奥村さんの障がいではない部分で生きている世界を知ったからだろうと思います。私は奥村さんとの対話の中で，いろいろなことを教えてもらいました。障がいがあることで生じる困難，人としての扱われ方，問題行動が生じていた背景もそうですが，山で採ってきたまだ青いアケビはアルミホイルに包んで食べごろになるまで土に埋めておくとよいとか，カブトムシの幼虫は木の根元を掘ると見つかるとか，河原に生えている数珠玉でネックレスができるなど，私が知らない楽しいことをたくさん教えてくれました。それらの自然の中で得た知恵は，家庭的にも金銭的にも恵まれてはいなかった奥村さんが唯一心を解放できる場所で獲得したこともわかりました。そして，はじめは「困った人」と考えていた職員もそれ

を聞いて,「奥村さんも大変な人生を生きてきたのですね」「奥村さんは結構面白い人なのですね」という好意的な言動に変わってきたのです。支援といえども,その行為は,人と人との関係の中で生じるものです。そのため,こうした関係の中で奥村さんの問題だと考えられていた行動が「もう,問題だと考えなくてもよいのではないか」という職員の考えに繋がっていったのだろうと思います。

楽しく,面白く

　人は,他者の苦しい感情や助けを求める行動により強く反応するようにみえることがあります。あるいは,他者の感情に巻き込まれ共振(廣松・増山,1986)することから,支援を求める人の苦しい話を聴けば職員自身も苦しくなるので積極的にその感情を排除するように動きがちになると思うことがあります。そして,そこに支援を求め苦しんでいる人がいると認識しているので,彼らの感情や行動に関心が向けられ,他愛もない普通の対話に注意が払われなくなるのも理解できます。こうした関係の中では,「苦しい感情から逃れること」が動因になっていますので,共振している職員も支援を楽しく感じることは少ないでしょう。

　塩野さんをはじめとして支援を必要とする「あなた」は,苦しい状況だけを生きているわけではなく,楽しく,面白い世界も生きています。現場のスタッフや職員の中には元気を失っている人が少なくありません。そんなとき,支援には直接関係がないと思っても,塩野さんが望むような他愛もない普通の対話の中で,自分の気持ちも変わるかもしれません。そして「あなた」の思いもより理解できるようになるでしょうし,「あなた」とのかかわりも今以上に楽しく,面白くなるのではないかと思います。

他愛もない普通の対話が関係を創る

　　由利ちゃんは赤ちゃんで手一杯やから,みんな世話を掛けたらあかんよ。

第Ⅱ部　実践の中のナラティヴ

助けてやらないと。

　発達障害者の支援施設で働く由利さん（仮名　24歳）は，利用者から「由利ちゃん」と呼ばれ，人気があります。育児休暇が終わり，職場に復帰したときには利用者たちがこう声を掛け合ったそうです。他のスタッフには反抗的な態度しかみせない利用者も由利さんの指示には「由利ちゃんが言うなら仕方がないな」と素直に従ってくれます。しかし，支援室のリーダーからは，「個人的な話をしたらダメ」「利用者さんと距離が近すぎる」と注意を受けることもしばしばあるそうです。

　　私はまだ若いし，社会に出てそれほど経ってないから失敗ばっかりで，利用者さんの方がいろいろいっぱい知っていて，叱られることもたびたびです。「あ，ごめん」ってしょっちゅう謝っています。だから，「立派な支援」なんてことはできません。ただ，利用者さんが一日楽しかったなと思ってくれたら，明日も来たいなって思ってくれたら，それでいいんじゃないかと思っています。

　由利さんは，自分がまだまだ支援者としては新米だと思っているので，利用者にも指示的な声掛けはしません。役割上どうしても指示をしなくてはならないときには，「～してみる？」と聞いたりするので，リーダーからまた叱られることになります。「～してみる？じゃなくて，してくださいでしょう」と。こんな感じなので，利用者と話す内容は，仕事中なので少し遠慮しながらだそうですが，「好きなアイドル」や「ラーメンの美味しいお店」，半年前に生まれた赤ちゃんの様子や，自分の弱み，今悩んでいることまで，由利さんいわく「中前由利がすべてわかる話」をしているそうです。

　　利用者さんもノリがよいので，自分のこともいっぱい話してくれますよ。みんな話したい人たちなんです。また，それが面白かったりするんです。だから，「発達の人（発達障害がある人）は難しい」ってみんないうけれど，私はそんなことを思ったことがありません。こだわりが強かったり，理屈

っぽかったり，そんなところが難しいって言われるのかもしれませんけど，誰にでもあることですよね。だから，気になりません。

　由利さんの言葉からは，支援の場で，無駄話と注意されるような他愛もない普通の対話が，利用者との信頼関係を築いていることがわかりました。支援を受ける人から「助けてやらないと」と思われる支援者はなかなかいません。そう思ってもらえる理由の一つに，支援者としての役割以外の由利さんの世界を知ってもらうこと，利用者という立場以外の利用者の世界を知ろうとすることがあったのだろうと思うのです。他愛のない普通の話が，人と人を繋ぎ，信頼関係を築くこともあります。支援する人とされる人の間の距離をどう取るか，は支援する人の悩みでもあると思いますが，距離の遠い近いではなくて，お互いが心地よいと思える距離がその場で必要とされている「距離」なのだろうと思います。

指示や指導は対話ではない
　入所型の施設の職員から聞いた話ですが，障害者虐待防止法がでるまで，職員の間では，「掌握」という言葉が使われていたということです。「掌握」とは，手の中に収めること，意のままにすること，全面的に自分の支配下におくことという意味があることから今は，「見守り」という言葉に変わりました。しかし，いまだに利用者に対してこの言葉を用いる職員もいるそうです。意識している，していないにかかわらず，自分は利用者の上に立っていると感じている職員がいるということでしょうか。
　通所型と入所型では，支援の内容が異なるため，一概には言えませんが，入所施設の場合はとくに，慢性的な職員不足に喘いでいるため利用者と必要以外はほとんど話をする時間をとることは難しいと思います。しかし，それでも，「普段から話をしたり，一緒に遊んだりする中で，積み上げられる信頼関係を築いていかなければ，いずれ，利用者から相手にもされなくなる」と心配する職員もいます。先に紹介した奥村幸男さんもこう語っていました。

第Ⅱ部　実践の中のナラティヴ

　　　相談したいことがあっても職員が忙しくて，悪いと思い，なかなか相談
　　できないことがある。職員と話すことは，指示されることだけのような気
　　がする。

　奥村さんの問題行動の中に「嘘をつく」というものがありました。これに対して奥村さんは，「怒られるのが怖いから嘘をつく。本当のことを言っても信用してもらうことが少ない。嘘をついてないのに怒鳴られたこともある」と言っていました。奥村さんが職員から「話をしよう」と言われるときはだいたい叱られることが前提になっており，その時間は居心地の悪いものだったそうです。

　そこでは，支援する人とされる人の信頼関係に裏づけされない上下関係ができあがっているため，職員との対話では「どうせ叱られるから」と耳をふさいでいたと言います。そのため，職員が奥村さんにわかってもらいたいと話す内容は聞いておらず，何度も同じ問題を起こすことになったのだろうと思います。一緒に働いていた人が，「誰か細々した日常の困ったことを聞いてくれるだけでよいのに」と言った言葉に，「ほんとうに」と深くうなずいていた奥村さんの姿が印象に残っています。

　一方的な指示や指導は，対話とは言えません。自分の困っていることや苦しい思いをただ「うんうん」「大変だったね」と聴いてもらうのも，「拓かれた対話」にはまだ足りないものがあります。つねに話す立場でもなく，つねに聴く立場でもなく，役割を交代しながら，聴いたり聴かれたり，語ったり語られたりするプロセスが大事なのだろうと思います。そして，そのプロセスの中に彼らが求める「他愛もない普通の対話」が現れ，双方の間を信頼という糸で強く結んでいくのだと思います。

　スタッフや職員の中には自己開示をすることが苦手であったり，抵抗があったりする人もいるとは思いますが，私たち支援する側は支援される「あなた」のほとんどの情報を知っていることを思うと，やはり，そこに何らかの力関係が生じているようにも感じます。そのため，「昨日，○○を食べたよ，美味し

かったよ」「子どもが中学校にあがるのよ」などの話せる範囲の中で少し個人的な話をしてみることが、「あなた」が望む「他愛もない普通の対話」に繋がり、「あなた」との関係をつくることを助けてくれるものの一つになるのではないかと思います。

3 誰かに，何かに必要とされること

「困っている」が就労に繋がった

　就労移行支援事業所のスタッフは，2年の間にそのサービスを利用する人たちを一般就労に繋げたいと思っています。2年という期間を過ぎれば，サービスが利用できなくなるからです。そのため，就労するための知識やスキルを高めるために実習を行い，それぞれの適性に応じた職場を探します。

　そもそも，一般就労を希望して就労移行支援事業所を利用する人々のはずなのですが，「やっぱり，働きたくない」とか，「仕事をするのは無理」と言いだす場合も少ないとはいえません。スタッフは「働きたいからここに来たのですよね」と何度も個別面接の中で確認しながら，一般就労に一歩踏み出してもらおうと，彼らの適性だけで判断するのではなく，彼らが好みそうな実習先を探してきて勧めるのですが，「いや，行かない」と言われると，どうしようもありません。

　発達障害と診断されていた川野澄夫さん（仮名　20歳代）が事業所利用から一般就労に繋がるまでのプロセスを紹介します。川野さんは，高等特別支援学校を卒業後，いくつかの職場に就職したのですが，自分が望んでいたような仕事ではなかったそうで，どれも1年足らずで退職してしまいました。卒業した高等特別支援学校の先生の紹介で就労移行支援事業を利用することにしました。

　川野さんは，就労するための基本的なスキルは身につけていましたが，仕事をする意味自体はそれほど理解しているようにはみえませんでした。まだ現役で仕事をしている父親の世話になれば生活には支障がなかったからです。スタッフは「ご両親が元気なうちに，食べていける道を探しましょう」「働くスキ

ルがあるのだから,働きましょう。働かないと食べていけないのですよ」と言っても,いま一つ実感がわかないのか「大丈夫。今はこれでいい」と言われると,次の言葉がなかなか探せません。川野さんは「仕事はしないからどこにも行かない」と実習先にも行こうとしなかったので,スタッフはせっかく決めてきた実習先に何度も謝りにいかなくてはなりませんでした。しかし,その川野さんがスタッフのある一言で「じゃあ,行くわ」と実習に行き,そのまま一般就労していったのです。スタッフは何と言ったかというと

> もう,しようがないね。先方は今,人手がなくてものすごく困っているみたいで,川野さんが来てくれるのを心待ちにしていらしたけど,しようがないね。

川野さんはこの言葉を聞いて,「え,困っている?」と聞きなおし,「じゃあ,行くわ」ということになったのです。何気なくこの言葉を言ったスタッフは何が川野さんを動かしたのかはそのときはわかりませんでしたが,「とにかく,一歩進んだ」と喜んだそうです。

たぶん,川野さんは働くことによって得られる報酬よりも,「困っている人の助けになりたい」という思いの方が強かったのだろうと思います。実習から就職に繋がった職場からは「もともとスキルの高かった川野さんが来てくれたおかげで人手不足が緩和され,他の社員が休みを取りやすくなった」と感謝されたそうです。川野さんからも,たまに職場を訪れるスタッフに「来てあげてよかったわ」と自分の力が役に立っていることを喜ぶ言葉が聞かれるといいます。このことがあってから,どうしても就職に繋がらない意欲が低い利用者には,「あなたの力は職場の力になるって期待されているよ」と言うようにしたそうです。すべての人に通じるわけではありませんが,「行かない」ときっぱりと拒否していた人が,「ちょっと考えてみる」と言ってくれるようになったそうです。スタッフは「みんな,何かの役に立ちたいと思っているのですよね。私たちと一緒。その気持ちを大事にして就労に繋がってくれれば嬉しい」と言います。

就労移行支援事業所の例だけではなく，生活介護事業所や就労継続支援Ｂ型事業所を利用している比較的障がいの程度が重い人々の中にも同じような思いがあるのがわかります。

「手伝うことない？」
　生活介護事業所，就労継続支援Ｂ型事業所を利用している人々の障がいの支援区分はおおむね中度，重度の人が多いと思います。利用する人がそれぞれの場所でどのような生活をしているかといえば，事業所によって内容は異なりますが，就労継続支援Ｂ型事業所では内職をしたり，紙すきやさをり織りをしたり，パンやクッキーの製造などにかかわっています。生活介護事業所では，体操や芸術活動など，事業所が工夫した様々な活動プログラムに参加しながら一日を過ごします。利用する人の多くは，言語的なコミュニケーションが難しかったり，社会性に困難があったり，手先がうまく使えなかったり，肢体不自由の人もいますので，スタッフの介助がなければ，食事をしたり（食事介助），移動に困難が生じたり（移動介助）する場合もあります。
　そのため，こうした事業所を利用している人たちは，自分のことを自分ですることさえも難しい人が多いのですが，一方で，同じ利用者の援助や，スタッフや職員の手伝いをしたいと思っている人も少なくはありません。もちろん，スタッフに何もかも任せて椅子に座ったまま一日を過ごす人もいますが，家族の話では家ではまったく動かない人たちが事業所では率先して手伝おうとする場合もあるそうです。
　たとえば，「掃除，手伝ってあげようか」とか，「お弁当を配膳するのを手伝おうか」「配茶は僕がする」などと声を掛けてくれるといいます。掃除を手伝いたいというときには，移動に不自由のない人には「じゃあ，モップを持ってきてここを拭いてもらえますか？」とお願いし，車椅子を利用している人には，「机の上を雑巾がけしてもらえますか？」とそれぞれができそうなことをお願いするそうです。配膳に関しては，かつてお願いした利用者の手が滑ってお弁当を床に落としてしまい，新たにお弁当を買いに走らなければならないことが

あったので,「じゃあ, 下膳をお願いしますね」とお願いするようにしたそうです。配茶を手伝うといった人には手が震えて思うように動かない脳性まひがありました。全部で10人分のお茶をコップに入れるにはとてつもなく時間がかかりそうだったので, そのうち2つだけお願いしたそうです。それからお茶を2つ入れるのがその人の仕事になりました。

　スタッフの中には, 手伝ってもらえるのは嬉しいけれど,「かえって時間がかかってしまう」「もう一度やり直さなくてはいけないから」と困っている人もいました。しかし,「はじめは誰でも時間がかかるし, 上手にできないかもしれないけれど, やってもらおうよ」という人が出てきたため, 本来はスタッフの仕事であっても,「手伝おうか？」と聞かれた場合は, さりげなく手を貸しながらも手伝ってもらうことにしたそうです。

　　　利用者さんは, 自分より重度の人の介助をしようとしたり, スタッフが忙しそうにしていたら, 言葉に不自由がない人は「僕がやる」「私が手伝う」と寄ってきてくれます。言葉がうまく話せない人は, ジェスチャーでアピールしてくれます。最初はなんで, そんなにスタッフの手伝いがしたいのかと思いましたけど, 嬉しいんですよね, きっと。「有難う。助かったわ」ってお礼を言うと, みんなニコッて, ものすごく嬉しそうな顔をするんです。その顔を見るのが私たちも嬉しいから, 少々時間がかかっても, 完璧にできなくても, 頼むようにしています。

　こう語ってくれたスタッフのいる事業所では3年計画で「自分でできることは自分でする」を目標にして支援を行ってきたそうです。その中で,「他者を手伝う」という行為が出てきたと言います。日々の生活の中で「それは自分でできますからやってくださいね」と声を掛けられ, はじめは戸惑っていた利用者も「やってみるとできた」「できたらスタッフから褒められた」という経験を積みながら, そのうちできない人の介助を手伝うようになり, スタッフが忙しそうにしていると自発的に手伝いを申し出てくれるようになったそうです。

　私たちも, 誰かから「有難う。助かった」と言われれば, 自分の力が誰かの

第8章 「あなた」から私たちに伝えたい思い

ためになったと嬉しく思います。スタッフが，「利用者には障がいがあるからできないだろう」「私たちは支援する人──あなたは支援を受けるだけの人」と考えていれば，「私たち」は「あなた」ができることを知らないまま，「あなた」も自分たちにできることを知らないまま，時間が流れていき，誰かの役に立つという喜びや自尊感情が高まる経験を失っていたかもしれません。

「有難う」の言葉

　最後に，ある男性の話をします。その男性は，入所型の支援施設を利用して40年になります。40年の間に，毎日のおやつの時間にコーヒーを淹れることが仕事になりました。30人近くの入居者のカップを用意し，コーヒーの粉と砂糖，ミルクを入れ，できあがったものをみんなに配るまでが仕事です。男性の仕事になるまではスタッフが用意していたそうですが，他の業務に追われていたり，不安定になった利用者の対応をしなければならなかったりしたため，みんなが楽しみにしているコーヒータイムの時間が守れないことがありました。そんな中で，「僕がやってあげるわ」と男性がスタッフの代わりにコーヒーを淹れてくれるようになったそうです。しかし，男性は年齢を重ねるうちに腰に疾患を抱えてしまいました。そのため，スタッフには，腰を曲げて作業しなくてはならないコーヒー作りの仕事は，男性の体にそうとうな負荷がかかっているのではないかと思われました。そこで，「いままで長い間有難うございました。これからはスタッフがしますね」と伝えると，日頃大きな声を出さないその人が「楽しみを取り上げるんか」と怒ったそうです。男性は日中活動の陶芸で自分の作品を作ることをとても楽しみにしていました。しかし，そのような楽しみとは別に，スタッフから考えたら，毎日30人近い入居者分のコーヒーを作り，配るというけっして「楽しみ」とは受け取れない仕事を，男性が「楽しみ」だと考えていたことがわかりました。

　男性のこの言葉は，スタッフが仕事に向かうときの姿勢さえも考え直させたと言います。たとえ，身体に疾患を抱えていたとしても，誰かの役に立っているという実感や「有難う」という言葉を聞くこと，それはすべての人々が生き

第Ⅱ部　実践の中のナラティヴ

ていく上で共通した願いなのだと教えられた思いがしたそうです。

　ここでは，障がいがある人の語りから，支援者との関係の中で望んでいることを紹介しました。それぞれの施設や事業所において，それぞれの「あなた」によって願いは異なります。支援の中で，人と人との関係の中で，「あなた」の願いに耳を傾けたとき，私たちが学ぶことは少なくありません。支援を受ける人がつねに受動的な立場ではなく，自分の人生をつくっていく能動的な主体となるよう，私たちは傍らから応援していく人になりたいものです。

第9章

発達障害支援におけるオルタナティヴな物語
――当事者が当事者を支援するときにみえてきたもの――

　ここまでは，発達障害と診断された人が，どのような世界を生きているのか，そして私たちのあり方についてどのような思いをもっているのかについて紹介しました。彼らの語りからは，障がいがある人も支援しようとする人も同じ困難に立ち向かっているはずなのに，そこに行き違いが生じたり，本人が望んでいない的外れの支援をしていたり，さらには意識せずに傷つけてしまっているという望まない結果に繋がっていったこともわかりました。

　何かしらの公的な支援サービスを必要とする人々も，私たちと同じように自分たち固有の物語を生きています。支援者もまた支援者という立場や役割とともに自分の人生を生きています。しかし，ときに発達障害がある人が生きる世界を表す物語と，支援しようとする人がもっているドミナントな物語（いわゆる支援者役割を生きる物語）が出会ったときに，対立や軋轢を生じることがあります。

　私を含め心理学や福祉学を専門とする支援者は，そこで必要な専門知識を携えて現場に入っていると思います。私であれば，発達障害の特性や心理的背景，対応の仕方や支援の方法など，既存の理論的な知識をもちながら，フィールドに入ります。しかし，その「知っていること」がまれに実践を阻むという矛盾を生むこともあります（山本，2012）。

　たとえば，施設を利用している人々に対する支援において，自然で適切な実践をする職員たちの中には，「心理とか，医学とか，（制度は別にして）福祉の理念とか，現場では邪魔になることもあるよね」と言う方もいます（山本，2012）。たしかに，それらが，社会全体の規範や価値観を具現化する絶対的な

言葉，いわゆる「ドミナントな物語」(White & Epston, 1990) として動いている場合は，邪魔になることがあると思います。

しかし，それらの専門知識は，どんな場所で，誰がどういうふうに使うかによって，役に立ったり，邪魔になったりするものです。たとえば，私たちは「自閉症」という障がいを知っていますが，どういう意味で「知っている」のか。「知的障害」や「発達障害」という言葉についてはどうでしょうか。

ここでは，障がいと診断された人が，障がいと診断された人を支援するときに見えてきた世界について紹介します。

1 人は紙切れではわからない

> 見えない看板を「人」という形に代えて，どうしてできないのか，どのくらいできないのか，どうしたらできるようになるのかを聴いてほしい。

こう語る福田直樹さん（仮名）は，アスペルガー症候群と軽度の知的障害があると診断された42歳の男性です。療育手帳のB2を取得しています。今は発達障害者の就労支援施設でスタッフとして働いています。

路上生活から福祉の仕事へ
福田さんが障害の診断を受けたのは，高校を卒業後に勤めた会社を人間関係のいざこざから退職して路上生活をしていた37歳のときでした。福田さんの路上生活を心配した知人の世話で自立支援センターを利用するようになり，そこからの紹介で診断を受けました。自立支援センターを利用していたときにヘルパー2級の資格を取得しました。なぜ，福祉の仕事を選んだのかといえば，幼いころから家庭的に恵まれなかった福田さんは，福祉の仕事に今までの仕事にはない新鮮さや人と人とのつながりの温かさを感じたからだと言います。また，自分自身が障がいの診断を受けているため，「少しだけ，障がいがあるみんなの気持ちがわかる」「自分がしてもらいたい支援をしたい」ということも福祉

を志す大きな理由になったと言います。「福田さんがしてもらいたい支援はどういうものですか」と聴くと冒頭の言葉が返ってきました。福田さんが言う見えない看板とは障がいのことです。

福田さんの困難は，対人関係において「清濁を合わせて飲むのが難しい」，金銭的な管理，部屋の片付け，身だしなみを整えること，人生の見通しをつけることだと言います。この中で対人関係における考え方を除いては，克服してきたように思うと言います。福田さんはこれらの困難をどのように克服したのでしょうか。

金銭管理について

福田さんは若いころから給与が入るとすぐに使ってしまっていたそうです。施設を利用するようになってもその習慣は変わりませんでした。そのため，携帯電話料金を10万円以上も滞納したり，光熱費が支払えなかったり，次の給与日までは食費にも不自由したそうです。心配した施設のスタッフから金銭管理を専門にサポートする機関を紹介され，しばらくの間，そのサービスを受けました。しかし，福田さんはそこでサービスの内容についてサポート機関のスタッフと喧嘩をしてしまったそうです。「サービスを受けるのをやめたい」という福田さんにスタッフは「また元に戻ってしまうからやめないほうがよい」と言いましたが，「いつまでも管理されていたら自立できない」「やめるために，頑張って自分で金銭管理をしてみよう」と思ったそうです。

そこで，福田さんが試したことは，銀行に行って無料の封筒を何枚かもらい，給与が入った日にその月に必要な経費（携帯電話料金，光熱費，医療費，食料，貯金，小遣い）をわけました。この方法は施設スタッフからアドバイスされたものです。それまでは，生活する上で何にどれくらいかかるかも深く考えたことがありませんでしたが，封筒にわけてみると，1か月にかかる経費がどのくらいであるか，自分が自由に使えるお金はだいたいこれくらいだということがわかるようになりました。一日に自分が自由に使えるのは500円でした。何かイベントなどが予定されていて大きなお金がいるときには，その500円を貯め

ておいて調整することもできるようになりました。金銭管理をサポートする機関からは、「福田さんはもう自分でできますね。この調子で頑張ってください」と喜ばれたそうです。「管理されたくない」「自立したい」という強い思いによって福田さんは自分の困難を乗り越えたのです。

部屋の清掃について

　整理整頓が苦手だった福田さんはヘルパーを利用していました。もともと、他人が自分の個人的な空間に入ってくることが苦手だということもありましたが、ヘルパーさんとの関係に違和感を覚えたので、清掃を手伝ってもらうこともやめたかったと言います。

　福田さんが言うには、住んでいるグループホームのオートロックの番号を自分は教えていないのに「勝手に知っていて」チャイムを鳴らさずに直接部屋に来たり、ドアを開けると挨拶もせず「当たり前のように」すぐに部屋に入ってきたり、中には自分の名前を名乗らずに入ってくる人もいるなど、自分の常識の中では納得できないことが多くあったそうです。福田さんは「掃除の仕事に来るのだからヘルパーさんの役割の中では常識なのでしょうが、僕にはどうしても受け入れられなくてぶつかるのです」と言います。「きちんと挨拶をして、入ってきてほしいのに、それを言うと『えっ、何を言っているの』という顔をされるのは何かおかしいなと」。こうして、ヘルパーとぶつかったり、不快な思いをしたりすることが重なり、自分で部屋の掃除をすることにしたわけです。「何かをやめるためには、自分が何かをしなくてはならないことを知った」と言います。

　福田さんは今、施設の職員として障がいがある人の支援者として支援の内容を吟味していると言います。施設利用者の体験がある自分だからこそ見えているものがあり、それを施設の職員に伝えたいと考えています。

ケース検討会議の検討票への疑問

　施設にはケース検討会というものがあります。施設職員や社会福祉士、場合

によっては心理士などが参加する検討会に，スタッフとして福田さんも参加することがあります。ケース会議では，新しく利用しようとする人や，現在，施設を利用している人について書かれているケース検討票が配られます。福田さんはいつもこの検討票を前に会議が始まり検討していくことに違和感を覚えるといいます。

　ケース検討票を見たことがありますか？　まず，よいところが書いていない。問題行動のみが記載されています。問題行動の支援を検討するために開くのだから仕方がないのかもしれないけれど，実際に会って，話もしたことのない人の支援を，その紙切れだけで組み立てていくなんて，僕にはできない。紙切れで人はわからん。数字で人はわからんと僕は思っています。悪い情報ばっかりで…。実際に会って，他愛のない話をしながら，その人の支援を組み立てるのが本当じゃないかと思っています。心理のアセスメントテストなんかも，できないところを割り出す指標ではないんですか？

心理士の私も事例検討会に参加することがあります。事例にあがってくる人のアセスメントシートやこれまでの生育歴，現在の様子，なぜ施設を利用したいと考えているのか，現在の課題は何か，などかなり詳しくその人を説明しているシートが配られます。できるだけ，その人が実際の場でどのように暮らしているのかを見に行き，その人も含めた会議をするようにしていますが，いつもというわけにはいきません。施設職員や他の専門職，そして利用したい本人の都合が合えばそうできますが，複数の事例を抱えている場合には難しいときもあります。

また，福田さんに言われてファイルに閉じてある複数のケース検討票を確認してみましたが，たしかに，その人の問題行動は書かれていても，よいところはあまり書かれていません。支援する側からみれば，その人の問題行動に焦点を当て社会に適応するように支援を組み立てるための会議なので，福田さんからそう指摘されても不思議に思うのではないでしょうか。支援される人が基本

第Ⅱ部　実践の中のナラティヴ

的にその検討票を見ることがないというのも，こうした書き方になる要因の一つです。個別支援計画などは本人と一緒に組み立てていくのでオープンになっていますが，ケース検討票は，何かの問題が生じているときに作成されるものなので，どうしても福田さんが「悪い情報ばかり」と言うようなシートになってしまうのだと思います。福田さんは，この会議を通して，一人の訓練生を受け入れた経過をこう話してくれました。[1]

> 話だけ聞くと，僕にも無理かなって思うような人がいました。シートには，その人の今の生活や状態について，「アルコール中毒，昼夜逆転，精神症状が強く出ていてかなり攻撃的」みたいなことが書かれていました。みんなが「大変な人」ってため息をついたのです。スタッフみんなで検討票を前に，「どうやりくりしてよいかわからないね」って話しました。誰が受けますか？　だから，「いいよ，僕が受ける」って言いました。やってみないとわからない。その人，困っているのは確かだから僕が受けると言いました。

福田さんが訓練生として受け入れた人は若い男性でした。斜に構えたような態度でしたが心配した攻撃的な言動もありませんでした。ただ，手足が細かく震えていることが気になりました。昔の自分を見るようだったと言います。福田さんも路上生活から行政に繋がったとき，担当の人に大声を出したり，机をもちあげて威嚇したりしたことがあります。今から思うと一種の「試し行動」だったと思うと言います。それまでも，いろいろな公的機関を訪ね，いくつもの窓口をたらい回しにされ，すっかり信用できなくなっていました。そのため，最後に訪れたその公的機関で暴れてしまったそうです。しかし，そこの担当者は福田さんの思いに応えてくれたそうです。「この人に相談してみよう」と決心したことが今に繋がったと言います。

（1）　福田さんは就労移行支援事業所で就労訓練を受けている人を「利用者」ではなく「訓練生」と呼んでいます。

第9章　発達障害支援におけるオルタナティヴな物語

訓練生を受け入れる

　訓練生を受け入れると決定したとき，「さぁ，気長に，気楽にいくぞ」と福田さんは思ったそうです。訓練生は昼夜逆転で生活リズムが乱れていると聞いていたので，「来られる時間でいいから。一週間に２回ほどでいいから絶対に来て」と言ったそうですが，毎朝，なんとか通ってきたそうです。ただし，午前中でエネルギーが切れてしまうのか，昼食を済ませた午後からはソファで横になっていることが多かったといいます。午後からは調子を崩すとはいえ，きちんと始まりの時間に来ることに周囲の施設職員も驚きました。後から訓練生に話を聞くと，「ここに来ると昼ごはんだけは確保できるからということだった」と福田さんは笑いますが，とにかく，訓練期間中はきちんと通ってきました。訓練が終わってから，彼に会うこともなくなったのですが，しばらくして福田さん宛てに彼からの指定相談依頼が届いたそうです。

>　「なんで，休まずに来られた？」て聞いたら，「楽しいんだ」と言いました。何が楽しいのかと思ったけれど，「福田さんと話してるのが楽しいんだ」と言われると嬉しかった。（私：どのような話をしたのですか？）普通の，他愛のない話。でも「これしろ」「あれだめ」は言わなかったな。愚痴を言いだしたら，「そんなん，なんども愚痴言っていてもしょうがないから，帰り」とも言ったけど，帰らなかったな。「よい話だけ教えてね。悪い話は家でしといてね。思い出して気分が悪くなるやろ。相談にはいつでものるし，わからなかったらいつでも訊いたらいい」とも言った。とにかく楽しいことだけ話そうと決めていました。だって，楽しい話してこなかったんじゃないかと思っていたから。

　訓練に来ていた青年は，今も相談支援の中で福田さんと繋がっています。将来の目標もできました。今すぐの就職は難しいから，小さなことから「気長に，気楽に」支援していこうと福田さんは思っています。

2 「問題行動」というとらえ方

　福田さんが違和感を覚えたケース検討票の例からも言えるように，私たちは障がいがある人特有の行動（たとえば，こだわり行動であるとか，常同行動であるとか）を「問題行動」ととらえがちです。問題行動ととらえるから，適応的な行動へと変化させようと支援します。こうした考え方に対しては第4章で紹介した吉田信吾さんも同じ違和感を覚えている一人です。

　現在の発達障害支援の中では，「誰が困っているのか」「誰の問題なのか」をいろいろな角度からしっかりと把握する必要性が求められています。私がフィールドワークを始めたころには，「問題行動」といえば，少数の有識者からの批判はありながらもほとんどが障がい者側から生じているものととらえられていたように思いますが，この考え方は時代にそって徐々に変化してきているようにも感じます。しかし，今の現場での「現実」はどうなのでしょうか。福田さんは「施設職員が施設利用者に，『今やってほしいことをできるかできないか』で，その人の問題行動にしている面があるのではないか」と言います。

問題行動の背景をみる

　　たとえば，職員は訓練生に何かを「命令」します。その命令に従えば，職員は自己満足するから何も言わない。もし，従えなければ，それが問題行動とみられる。

　福田さんは「命令」という言葉を使いました。それを受ける側からは「命令」と聞こえてしまうのでしょうが，これは施設の職員側からいえば「指示」であったり，「アドバイス」であったりします。「自己満足」という言葉も気になりました。スーパーヴァイズという立場から，私も支援者が支援を受ける人と一緒に働いている様子を見せてもらうことも多いですが，そこに「自己満足」を覚えている支援者がいるようには思えませんでした。福田さんがいう

「自己満足」とは少し違いますが，ある別の施設職員から支援には「見返り期待」のようなものがあるという話を聴き論文にまとめたものと重なるように思いました（山本，2015b：35-36）。

対人援助に携わる人々は，多かれ少なかれ，無意識的に「自分がある人の役に立っている」という精神的な充足感を求めることがあります。また，自分のかかわりに対して少し肯定的な評価が欲しかったり，相手から感謝してほしいと思う気持ちがないとはいえません。ある入所施設で働く坂井律子さん（仮名28歳）さんは，これを職員が求める「見返り期待」と呼んでいます。

> 障がいはその人が生きることを邪魔する「部分」ではあるのだけれど，排除できない部分でもあるんですね。何かしら，不自由をしている部分があるわけですよ。で，職員がいくら一生懸命支援してもなかなか変わらなかったり，かえって状態が悪くなったりするときもあるんですね。でもね，私たちには「見返り期待」ていうのがあるんですよ。それはね，私も含めて，職員はこれだけ支援したのだから「〜してほしい」と考えがちになるっていうことなんですね。でも，絶対に返ってこない。自分が思うような形では絶対に返ってこないんです。この自分たちが利用者に望んだものは，望んだ形で返ってこないことを理解していなければならないと思うんです。じゃないと自分が苦しくなってしまう。

坂井さんの言葉を借りれば，福田さんが感じた施設職員の「自己満足」は，福田さんが指摘している「自分の命令が受け入れられた」という感情とは少し違い，自分たちの支援が間違ってはいなかったと，施設職員が自分自身を肯定的に受け入れていることなのかもしれません。しかし，支援を受ける側からはそう解釈しにくい面もあるのでしょう。

なお「問題行動」については，そのとらえ方を少し変えた方がよい場合があります。一つの問題行動を消失させようとする取り組みが，次のより重大な問題行動を出現させることに繋がったりもします。たとえばこんな例があります。

ある自閉症のお子さんの話ですが，療育を受ける施設の中で，ぴょんぴょん

第Ⅱ部　実践の中のナラティヴ

跳び続けていたことがありました。本人は危ない場所を避けて跳んでいるので，問題がないといえばないのですが，スタッフは他のお子さんにぶつかってお互い怪我をしたらどうしようという思いが強かったようで，そのお子さんが飛び跳ねるたびに，「跳んではいけません」と指導をしていました。そのうち，そのお子さんは飛び跳ねることをしなくなりました。しかし，その代わりにトイレに置いてある物品を全て流してしまうようになってしまったのです。そのためスタッフは日に何度もトイレの修理をしなくてはならなくなりました。困ったスタッフはトイレに物品を置かないという方法に変えたため，すべて流してしまうという行動が消失しました。しかし，今度は，一緒に療育を受けている友達のリュックや，スリッパから少しだけ出ている糸が気になったようで，それを抜いてしまうようになりました。友達が履いているスリッパを奪い取るようにして糸を抜こうとするので，とても危ない状況になったのです。

　「自閉症がある人の困ったこだわり行動をどうしたら消失させることができますか」と支援者からよく聞かれることがありますが，私は，「その困ったこだわり行動」でやっと私たちと同じ世界を生きようとしている場合もあるので，その背景をよく見てくださいとお返事するようにしています。

　障がいがある人の不適切な行動を減少，あるいは消失させようと思うと，「あなた」に負担を掛けてしまうことがあります。それに，外側から不適切な行動と考えていることは，「あなた」から見れば，緊張を緩めるためのものであったり，不安を軽減するための方法であったりするのも事実なのです。数少ない手持ちの方法で「少しでも快適に暮らそう，生きよう」としている「あなた」の気持ちを理解することなく，ただ，不適切だから止めてもらおうとすることで，生きるための「あなた」の「方法」を奪ってしまっているのではないかと思うことがあります。

　ふたたび，福出さんの話に戻ります。福出さんはある人の支援を通して大事なことを学んだと言います。

第9章 発達障害支援におけるオルタナティヴな物語

ヘルプ信号をキャッチすること

　福田さんがスタッフになってはじめて出会った訓練生の一人に軽度の知的障害と発達障害を背景にした精神障害の診断を受けた山際啓二さん（仮名　当時50歳代）という男性がいました。山際さんに対する支援はかなり難しかったと言います。山際さんはよく暴れる人で，気に入らないことがあればすぐに怒鳴ったり，周りの人を叩いたり，仕事を途中で放棄したりしました。訓練中なのに，朝からお酒を一杯ひっかけてくることもあったそうです。そのため，他のスタッフは山際さんを怖がってなかなか支援に入れません。何か言うとすぐに「お前は何様のつもりだ」と怒るからです。福田さんは路上生活をしていた際に似たような経験があったので，山際さんが怖いという印象はもたなかったそうです。そのため，福田さんは山際さんの担当支援者になり，山際さんは介護施設の介護補助訓練を受けるようになりました。介助補助の仕事にはいろいろなものがありますが，山際さんの仕事は，高齢者の入所施設で介護を受けている人のベッドシーツを交換することでした。

　　見ていたら，スムーズにできないんです，怠けてたらたらとやっているのかなあと思って，ずっと見ていたら，なんか，片手を使ってないことがわかったのです。なんで，片手しか使わないんやろうて。両手を使えば仕事も早くできるのにて，ある日，聞いたんです。「なんで，片手しか使わないの？」って。そうしたら，「使えんからや！」て怒鳴りました。「あ，使えないんだ」とそこではじめて知ったのです。

　山際さんは，肩に疾患があり，痛みも強かったようです。福田さんは，それでも仕事を休まなかった山際さんを誠実な人だと思ったそうです。福田さんはそれを知ってから，自分も片手だけでシーツ交換をしてみたそうですが，とても難しかったと言います。頭ではこうしよう，ああしようと考えていることが，片手ではできる範囲が限られてしまうこともわかりました。山際さんは怠けているのではなくて，自分ができる範囲の中で一生懸命仕事をこなそうとしていたのだと思ったそうです。

第Ⅱ部　実践の中のナラティヴ

　　現場では，自分だけの解決能力で対応するしかない場合もあるけれど，ちょっと相談できるとか，ヘルプ信号を出せるとかがあれば，いらいらしたり，怒鳴ったり，どついたり，ものに当たらなくて済むんですよ，きっと。僕は山際さんの肩に不調があると知ってから少し支援の方法を変えました。まず，本人発信で希望を言ってもらおうと。僕が「何ができる？」「何は難しい？」て聞いたら，「これはできん」とか「これやったら何とかできる」とか本人発信で言ってくれるようになりました。内容を本人から聞いて，スケジュールを組みなおして，できることをしてもらうようにしました。うまくいかないときには「本人に聞け」です。

　山際さんはその後，「いらいらや暴力は言葉に代えて僕に聴かせて」という福田さんとの訓練を終えて違う事業所で働いています。今でも「毎日休まずに行っているよ」と電話をくれるそうです。一度，「辞めたのに，なんで電話くれるの？」と聞いたことがあったそうです。山際さんは，「福田さんはいい人やから裏切ったらあかんと思って」と言いました。さらに，「一人の人として公平に扱われたような，そんなのを肌に感じたから裏切ったらあかんと思って」と言われたそうです。福田さんは自分のことを「いい人だなどとは思っていない」と言いますが，山際さんにとっては，山際さんの視点からものごとを考えようとしてくれる「いい人」に違いありません。

3　当事者が考える「合理的配慮」

障害者差別禁止と合理的配慮
　厚生労働省は，「障害者の雇用の促進等に関する法律の一部を改正する法律」（改正障害者雇用促進法）に基づき，「障害者に対する差別の禁止に関する規定に定める事項に関し，事業主が適切に対処するための指針」（障害者差別禁止指針）と，「雇用の分野における障害者と障害者でない者との均等な機会若しくは待遇の確保又は障害者である労働者の有する能力の有効な発揮の支障とな

っている事情を改善するために事業主が講ずべき措置に関する指針」(合理的配慮指針)を策定し，平成28年4月の施行に向けて準備しているとしています。厚生労働省の説明を借りると，「障害者差別禁止指針では，すべての事業主を対象に，募集や採用に関して障害者であることを理由とする差別を禁止すること」，「合理的配慮指針では，すべての事業主を対象に，募集や採用時には障害者が応募しやすいような配慮を，採用後は仕事をしやすいような配慮をすること」などが定められています（厚生労働省，2015）。

　「合理的配慮」が求める具体的な内容としては，それぞれの障害特性に合った採用方法を採択し，採用後は，机の高さなどの物理的な環境調整をし，特に，知的障害者に対しては，「本人の習熟度に応じて業務量を徐々に増やしていくこと」，精神障害者に対しては，「出退勤時刻・休暇・休憩に関し，通院・体調に配慮すること」を求めています。

　厚生労働省は，平成27年3月に，障がい者が働こうとするときに，事業主が提供すべき合理的配慮の指針と職場での差別禁止の指針を公表しました。また，改正障害者雇用促進法によって，平成28年度からは，事業主が障がい者に合理的配慮を提供する義務が課せられることになり，具体的に現場でどう進めるかが問われています。

　福田さんはこの障害者差別禁止指針および障がい者に対する合理的配慮指針についてもよく勉強をしています。「受ける側であり，受けてもらう側でもあるのでしっかり理解するようにした」と言います。福田さんも障がいの診断を受けており支援してもらう側でもあるので，その場合には受けたい合理的配慮がいくつかあると言います。福田さんのいう「合理的配慮」とは，行政が考えているものとは少し違って，支援を受ける側が「支援をする人に望む配慮」だと言えます。

ビデオ機器を用いた学習会

　福田さんが支援の中で感じたことや思ったことが，スタッフにうまく伝わらないことがあるそうです。たとえば，「あの人には，こんなときに，こんな声

を掛けたら，スムーズに仕事をしてくれる」と説明しても，その場所にいないスタッフにはなかなか理解してもらえないことがあるそうです。そういうときには，施設利用者や事業所を利用する訓練生の動きをビデオに撮って，どのタイミングで動くのか，どんな声掛けがわかりやすいのかなどを観て自分の支援を組み立ててほしいと言います。反対に，自分のどんな動きや声掛けが相手を不安定にするのかもわかるのではないかと言います。利用者や訓練生の動き方の癖やタイミングがつかめるだけではなく，自分自身の支援を反省する機会にもなるので，ビデオ機器を利用した学習会を開くことなどは双方にとって意味があると考えています。

施設職員自らがモデルを示す

　福田さんは，「施設職員の中には，利用者や訓練生には『仕事中は携帯をロッカーに入れて電源を切ってください』と言うけれども，自分たちは仕事中に携帯を触っている人がいて不快に感じることがある」と言います。また，「『仕事は「報・連・相」が大事だから，何かあればすぐに「報告」してね』と言う職員が，同僚との間にそれができていなかったりする」とも言います。

　福田さんは，仕事にはルールがあることを理解しているつもりですが，職員が言うことと，実際にしていることが違うと混乱してしまうそうです。福田さんが支援している利用者や訓練生の中には，「なんで，スタッフは，口だけなのでしょうね」という人もいて，福田さんが恥ずかしくなることもあるそうです。そのため，支援する人は，支援される人のモデルになるように，振る舞ってほしいと言います。支援される人の中には，一般的なルールを習得しようと施設を利用する場合もあるので，福田さんが言うように，彼らのモデルになるように，職場で一度決めたルールは職員が率先して守るようにしたいものです。

仕事を楽しむ

　施設で働くようになってから，福田さんは利用者や訓練生に対して感情的な対応をする支援者が気になると言います。「今の対応は自分の都合で怒ってな

い？」と思うこともしばしばあるそうです。ただ，自分も支援を受ける側でありながら，支援をする側でもあるので，利用者や訓練生との間でストレスが生じることは理解できます。しかし，「やはりそこはプロ意識をもってほしい」と思うそうです。

福田さんは支援の中でストレスを感じることは理解できても，現実的に自分自身はあまりストレスを抱えることはないと言います。それは，「利用者にも難しいところがあるけれど，僕にも難しいところがあるから，一緒に考えようね」と思っているため，ストレスには繋がらないそうです。

> こちらが，一緒に考えようとするスタンスでいる限り，利用者も訓練生も僕にストレスを与えることは一切しません。その中で，いろいろできることやしたいことを探して。「親でさえわからなかった能力を伸ばしてもらった」って言ってもらって一緒に喜んで。だから，仕事が楽しくてしょうがない。

対人援助は人を相手にする仕事であるため，従事している人の精神的疲労は避けられないものだと思います。とくに，福祉施設では，自分がしていることが形として返ってくることはあまりありません。自分の仕事内容の評価基準がどこにあるのかもわからないため，自分でも「これでよいのか」と悩むこともあります。ある施設職員が語ってくれたことですが，たとえば，施設利用者の「冬物の服が欲しい」という訴えに対して，事実としては「冬物の服の購入願い」なので，職員としては購入手続きをすればよいのですが，「冬物が欲しい」という言い方が吐き捨てるようだったり，怒鳴っていたりする場合には，職員の内部に自然に湧き上がってくる個人的な感情を切り離して役割だけを遂行することが難しいと言います。

対人援助は感情労働とも言われることがありますが，施設利用者の感情に巻き込まれながら，その一方では職員としての役割をはたそうとすることによってストレスを溜め込む結果に繋がるのかもしれません。しかし，福田さんの支援の中にある「自分にも難しいところがあるから一緒に」という視点から向き

合えば，利用者と職員の間にある意識されていない壁が取り除かれ，ストレスが軽減していくのかもしれません。

自分の足で立とうよ

　最後に，支援される人にも望むことがあると言います。福祉施設には，「福祉慣れ行動」と言われるものがあるそうです。施設の利用者や訓練生の中には，親との関係に課題がある人が少なくはなく，大人であっても幼児のように振る舞う人がいるそうです。

> 　今度，施設で見てください。ドアの前でじっと立って，職員が開けてくれるまで待っている人がいます。自分でできるのに，甘えてしまっている人がいる。施設で身につけた技。職員も，ドアを開けるっていう代理行為を不思議にも思わないでやっていることが多いです。本人が何も言ってないのに，職員が先回りして，してしまうこともあります。僕は，そんなときには，『にっ』て笑って本人が開けるまで我慢する。開けられるのに，自分でもしない，職員もさせないとなると，ドアを開けることができなくなってしまうと思うから，僕はずっと待っているのです。障がいがあったって，自分ができることは，しないといけないんです。

　幼いころから施設を利用しているとどうしてもこういう側面が生じてくるのは仕方がないことなのかなと思います。しかし，誰かがつねに自分の代わりに何かをやってくれるという環境の中では，自分ができることもできなくなってくる可能性もでてくるかもしれません。福田さんと同じようなことを別の施設の職員も以下のように言っていました（山本，2015b：35）。

> 　入所施設は利用者さんにとって家庭であり，職員は家族であるって考えると，近くてもよいのかなあとか，でもあんまり近くで家族みたいにやってると，なんか利用者さんの力を奪っちゃうんじゃないかと不安になります。「これ，私，しといてあげる」て，ついつい私の性格なら言いそうで，

第9章　発達障害支援におけるオルタナティヴな物語

そんなんしてたら利用者さんのできる力を奪ってしまいますよね。彼らの力を失わさないためにも職員の目線から教育・指導的なかかわりになることは，やむを得ないことかと思ったりもします。

　福田さんは，自分が支援者でありながら，発達障害者として支援を受けている立場だからこそ言えることがあると言います。それは，障がい者の側も支援者と目的を同じにして，同じ方向に歩いていく努力をしなければならないということです。今後，障害者差別禁止指針や，合理的配慮指針などの施行によって，障害者にとっては少し住みやすい状況が来るだろうと言います。しかし，「お願いやお任せばかりではなくて，自分たちがしなくてはいけないこともしようよ」と言います。「甘えていたら，自分たちの足で立てなくなるよ」と言いたいそうです。

　発達障害者として支援を受けながら，支援者として発達障害者にかかわっている福田さんからは，私たちが見えているようで見えていなかったこと，考えているようで考えていなかったことをたくさん教えてもらいました。福田さんはけっして，「障がい者のために」と気負って支援をしているわけではありません。自然に，淡々と，しかし，とても大事なものを見ながら，考えながら，「あなた」とともに生活をしているように思えます。当事者同士だからわかり合えているとは思いません。冒頭で語ってくれた「見えない看板を『人』という形に代えて」という福田さんの生き方が，「あなた」とわかり合えるその場所に福田さんを連れて行ったのだろうと思います。

結びにかえて

　発達に障がいがあると診断されている人々の語りを聴かせていただき，私はたくさんのことを教えてもらいました。私たちが発達に障がいがある人との関係やコミュニケーションを難しいと感じたり，理解しにくいと感じたりする背景には，私たち自身の感受性や応答性が未熟だったり，他者を理解するために用いる「手がかり」がうまく探せないこともありました。そして，そのことで生じる不安や混乱から，「あなた」を私たちが理解できる世界に引き寄せようとして，負荷をかけてしまうこともあったのではないかと思います。
　私たちと「あなた」が生きる世界には，たしかにお互いを理解しにくい「何か」がそれぞれの感覚の中に存在していることもありました。その「何か」は物事の見方や大事にして生きているものの違いによって生じているようにも思いました。かつて，知的に中度の障がいがある人から言われた言葉です。「何か心配なことがあっても悩まなくてよいよ。それが起こってから悩めばいいのだから」と。私たちは，過去を憂い，未来に不安を感じ，肝心の「今」をうまく生きられていないのかもしれません。笑ったり，泣いたりしながらも「この今」を誠実に生きている「あなた」に学ぶことは少なくありません。
　お話を聴かせてくださった「あなた」はこの社会で生きていくことは不自由で苦労のあるものだと語ることもありますが，私たちが自由で苦労がないかといえば，たぶんそうではありません。私たちが生きている世界には，私たちが普段意識していない秩序があり，意識していないから無批判に受け入れ，さらにその秩序に厳しく縛られていることに気づかないために苦しむことがあります。「これから何を大切にして生きていくのか」。これも，「あなた」からいただいた大切な「問い」です。普段意識していない社会の秩序が本当に私たちの生活を実りあるものへと導いてくれるものであるのかどうかについても考えていかなければならないと思っています。

私は他者の語りを聴かせてもらうときに，大事にしていることがいくつかあります。語り手が語りたいと思うときまで待つこと，他者の語りをわかったつもりにならないこと，聴き手である自分を知ること，最後は当たり前なのですが，語り手に礼を失しないということです（山本，2014）。
　私はこれまで本当にたくさんの方からお話を聴かせていただきました。知的に障がいがある人はもちろんのこと，支援者や思春期・青年期の不適応を起こしているお子さん，学校の先生たちからも伺いました。「あなた」には言語化できない「伝えたい思い」がありました。しかし，そのときは語られず，何年も「あなた」と一緒に過ごし，やっとその「思い」が語られることもありました（山本，2008c，2011，2012）。「あなた」が語り始めてくれるときには，すでに自分でその言葉にならない思いを整理した上で語ってくださったように思います。苦しさの途上にいる人はまだ語る言葉を探せない人なのかもしれません。そしてそのときの語りは，今同じような思いで苦しんでいる人への一つの「道しるべ」になっていきました。
　他者の語りをわかったつもりにならないことも大切だと思います。わかったつもりになれば，語りに含まれる多様な意味を見落としてしまうからです。語り手は様々な語りを通して，まだ言語化されていない言葉を語ろうとすることがあります。私たちがわかったつもりになることで，それらの大切な言葉を聴くことができなくなってしまうこともあるかもしれません。
　最後に，聴き手である自分がどのような価値観や枠組みをもち，どのような経験をしてきたのかについても理解しておきたいと思っています。それが他者の語りを解釈するときのフィルターになるからです。他者の語りの意味をそのままに受け取るために，自分がどのような聴き手であるかをつねに意識しておきたいと思います。最後の章で紹介した福田直樹さんはこんな問いをもっていました。簡単に答えが出せるものではありませんが，福田さんが求めている答えに少しでも近づけるように，これからも現場での対話を繰り返していきたいと思います。

結びにかえて

僕たちはかなり偏っています。施設の職員はどうですか。普通に生きていたら，いろいろな感覚をもっているのが当たり前なのに，その職場（福祉施設）を志望する思いがすでに偏っていると思うのですけど，違いますか？

本書の目的は"はじめに"で書きましたように，事例を読んでくださったみなさまが，みなさま一人ひとりのナラティヴを立ち上げ，これからのアプローチに役立てていただくことにあります。この本の中で語られた「あなた」のナラティヴが少しでもみなさまの役に立つことがあれば，私だけではなく語ってくださった人々の喜びになります。どうぞ，みなさまのナラティヴ・アプローチが，障がいのある人々と生きる現場で明るい笑い声を響かせるものとなりますよう願っております。

謝辞

はじめに，本書を書くにあたり，私と対話を繰り返し，様々なことを教えてくださったみなさまに心から感謝いたします。

今回の執筆のために新たに面接に協力してくださった方々もおられますが，かつて面接に協力してくださった方もおられます。研究を始めたころから保管していた資料やテープを見直したり，聴き直したりしながら，あらためてたくさんの方々が大切なお話を聴かせてくださったと有難く思いました。そして，同時に，面接でお会いした一人ひとりの声や顔，若かったころの私の姿までが蘇ってきました。面接で一度だけお会いした方もいれば，何年にもわたってお付き合いをしてくださった方もいます。この本では一部の方のお話しか紹介できませんでしたが，おおよそ20年の間に200名を超える方々がお話を聴かせてくださったのではないでしょうか。人と話すことが何より苦手な私がなぜこれほどの方々とお会いし，お話を伺うことになったのか。それは，面接でお会いする方々の一生懸命さや優しさ，温かさがとても心地よかったということだけではなく，「どうして，こんなに優しくて温かい人が苦しまなければならない

のだろうか」という思いがあったからだと思います。そして，お話をお聴きする中で，「理論的な説明と現場の声との間にある齟齬」に驚きました。人が生きる現場でこそ，説明できる現象があるのだろうと思いました。そして，その声を繋ぐことが自分に与えられた大切な仕事だと思ったのです。本書の中で，少しでも「あなた」の声を繋ぐことができていれば，これほど嬉しいことはありません。

また，「そろそろまとめられてもいいですね」と，本書を執筆するきっかけをつくってくださった神戸大学名誉教授，立命館大学教授の森岡正芳先生には言葉に尽くせないほどお世話になりました。語りの面白さ，難しさ，語りを聴く姿勢など多くのことを教えていただきました。さらに，本書の調査の一部は研究分担者として，「平成24-28年度科学研究費補助金　基盤研究（A）課題番号24243066　代表者：森岡正芳（課題題目：生活史法を基盤とした臨床物語論の構築と公共化）」の助成をいただき達成できました。ご指導やお力添えに重ねて感謝申し上げます。また，研究を続ける中でそれぞれの大切な時期に適切なご助言と励ましをいただき支えてくださった谷村覚先生，浜田寿美男先生，栗岡幹英先生に心からお礼申し上げたいと思います。

十数年前，いろいろなことがあり研究を辞めようと思っていた私に一通のメールをくださり，研究の社会的意義を説き，心から励ましてくださったミネルヴァ書房の元編集者である寺内一郎さんには今でも感謝しております。寺内さんのお言葉のおかげで今日まで研究を続け，こうして本にまとめることができました。本当に有難うございました。

ミネルヴァ書房の吉岡昌俊さんにはいつもながらお世話になりました。途中で立ち止まりそうな私を励まし，原稿を丁寧に読んでいただき，適切なご意見をいただいたことに感謝しています。吉岡さんの導きがなければ，私の実践は形にはなっていなかったと思います。有難うございました。

最後に，夫と子ども2人にも感謝したいと思います。研究当初は小さな子どもだった2人がいつの間にか成人し，執筆にあたっての文献を紹介してくれるようになったことに驚いたり喜んだり。2人には寂しい思いもたくさんさせた

　　　　　　　　　　　　　　　　　　　　　　　　　結びにかえて

と思いますが，いつも応援してくれて有難う。

　　2016年4月6日

　　　　　　　　　　　　　　　　　　　　　　　　　　山本智子

本書における倫理的配慮

　本書で紹介させていただいた方々は，本書の目的である「現場で求められている支援を当事者の語りから探る」ことを理解してくださり，以下の倫理的配慮に基づいた面接調査に快く協力してくださいました。

　面接調査にあたっては事前に，調査の目的，方法等を明記したものと，「①調査への参加は協力者の自由意思によるものであり，調査への参加を随時拒否・撤回でき，これによって協力者が不利な扱いをうけないこと。危険性または不便については，十分配慮すること。②データの管理においては，個人が特定されないように細心の注意を払うこと。③結果の公表についても協力者のプライバシーが保全されることを保証すること。」を明記した「調査のお願いおよび同意書」を発達障害がある方一人ひとりに手渡しし，難解な言葉はわかりやすい言葉に置き換えながら読み上げ，わかりにくいところがあれば説明し，ときにはご家族にも同席していただいてお願いし，納得していただいた上で協力していただきました。また，事業所や施設のスタッフや職員さん方にも同様の説明をさせていただいた上で，快くご協力をいただきました。

引用・参考文献

Amen, D. G. 2001 *Healing ADD : The breakthrough program that allows you to see and heal the 6 types of attentions deficit disorder*. New York: A Berkley Book.

American Psychiatric Association. 2013 *Diagnostic and Statistical Manual of Mental Disorders* (Fifth ed.). (*DSM-5*). American Psychiatric Publishing.（＝2014　日本精神神経学会（日本語版用語監修）髙橋三郎・大野裕（監訳）DSM-5 精神疾患の診断・統計マニュアル　医書学院）

Anderson, H. 1997 *Conversation, language, and possibilities: A postmodern approach therapy*. New York: Basic Books.（＝2001　野村直樹・青木義子・吉川悟（訳）会話・言語・そして可能性——コラボレイティヴとは？　セラピーとは？　金剛出版）

蘭由岐子　2004　「病いの経験」を聞き取る——ハンセン病者のライフヒストリー　皓星社

Armstrong, T. 1995 *The myth of the A.D.D. child*. New York: Dutton.（＝1980　森川眞規雄・浜日出夫（訳）現象学的社会学　紀伊國屋書店）

朝日新聞社（編）1973　いま学校で①　朝日新聞社

綾屋紗月・熊谷晋一郎　2008　発達障害当事者研究——ゆっくりていねいにつながりたい　医学書院

Barkley, R. A. 1992 The ecological validity of laboratory and analogue assessment methods of ADHD symptoms. *Journal of Abnormal Child Psycology*, **19**, 149-178.

Barkley, R. A. 1995 *Taking charge of AD/HD: The complete, authoritative guide for parents*. The Guilford Press.（＝2000　海輪由香子（訳）山田寛（監修）　バークレー先生の ADHD のすべて　VOICE）

Bateson, G. 1972 *Steps to an ecology of mind*. New York: Ballantine.

ベイトソン，G.　佐藤良明（訳）1982　精神と自然——生きた世界の認識論　思索社

ベイトソン，G.・ロイシュ，J.　佐藤悦子・ボスバーグ，R.（訳）1995　精神のコミュニケーション　新思索社

Becker, H. S. 1963 *Outsider: Studies in the sociology of deviance*. New York: The Free Press of Glencoe.

Benedict, R. 1946 *The chrysanthemum and the sword: Patterns of Japanese culture*.

Mariner Books.(=1967 長谷川松治(訳) 菊と刀 社会思想社)

Berger, P. L. 1963 *Invitation to sociology: A humanistic perspective.* Anchor.(=1979 水野節夫・村山研一(訳) 社会学への招待 新思索社)

Berger, P. L., & Luckmann, T. 1967 *The social construction of reality.* Anchor.(=1977 山口節郎(訳) 日常世界の構成 新曜社)

別冊宝島95 1989 ザ・中学教師「親を粉砕するやりかた」編 宝島社

Bradley, C. A. 1937 The behavior of children receiving Benzedrine. *The American Journal of Psychiatry*, **94**, 577-585.

Bruner, J. 1986 *Actual minds, possible worlds.* Harvard University Press.

Bruner, J. 1990 *Acts of meaning.* Cambridge, Massachusetts. London, England: Harvard University Press.

Conners, C., & Jett, J. L. 1999 *Attention Deficit Hyperactivity Disorder (in adults and children): The latest assessment and treatment strategies.* Compact Clinicals.(=2004 佐々木和義(訳) ADHD 注意欠陥／多動性障害の子への治療と介入 金子書房)

Conrad, P. 1976 *Identifying hyperactive children: The medicalization of deviant behavior.* Lexington, Mass: D. C. Heath & Co.

Conrad, P., & Potter, D. 2000 From hyperactive children to AD/HD adults: Observations on the expansion of medical categories. *Social Problems*, **47** (4), 559-582.

Conrad, P., & Schneider, J. W. 1992 *Deviance and medicalization.* Temple University.(=2003 進藤雄三(監訳) 杉田聡・近藤正英(訳) 逸脱と医療化——悪から病へ ミネルヴァ書房)

Curtis, R. C. (Ed.) 1990 *The relational self.* New York: Guilford.

Debroitner, R. K., & Hart, A. 1997 *Moving beyond A. D. D. / AD/HD.* U. S. A.: Comtemporary Books.

Diller, L. 1998 *Running on Ritalin.* New York: Bantam Books.

Drotar, D. et al. 1975 The adaptation of parents to the birth of an infant with a congenital malformation: A hypothetical model. *Pediatrics*, **56** (5), 710-717

Empey, L. T. 1978 *American delinquency: Its meaning and construction.* Homewood, Ill.: Dorosey Press.

Firestone, P. 1982 Factors associated with children's adherence to stimulant medication. *American Journal of Orthopsychiatry*, **52**, 447-457.

フーコー，M. 田村俶（訳） 1997 監獄の誕生――監視と処罰 新潮社

Frank, A. W. 1995 *The wounded storyteller.* The University of Chicago Press.（＝2002 鈴木智之（訳） 傷ついた物語の語り手――身体・病・倫理 ゆみる出版）

Frith, U. (Ed.) 1991 *Autism and Asperger Syndrome.* U.K.: The Press Syndicate of the University of Cambridge.（＝1996 冨田真紀（訳） 自閉症とアスペルガー症候群 東京書籍）

Garber, S. W., Garber, M. D., & Spizman, R. F. 1996 *Beyond Ritalin.* New York: Villard Books.

ギアーツ，C. 吉田禎吾他（訳）1987a 文化の解釈学Ⅰ 岩波現代選書

ギアーツ，C. 吉田禎吾他（訳）1987b 文化の解釈学Ⅱ 岩波現代選書

Gergen, K. J. 1994 *Realities and relationships soundings in social construction.* Harvard University Press.（＝2004 永田素彦・深尾誠（訳） 社会構成主義の理論と実践――関係性が現実をつくる ナカニシヤ出版）

Goffman, E. 1959 *The presentation of self in everyday life.* Doubleday Anchor.（＝1974 石黒毅（訳） 行為と演技――日常生活における自己提示 誠信書房）

Goffman, E. 1963 *STIGMA: Notes on the management of spoiled identity.* Prentice-Hall.（＝2003 石黒毅（訳） スティグマの社会学――烙印を押されたアイデンティティ せりか書房）

Green, M., Wong, M., & Atkins, D. et al. 1999 *Diagnosis of Attention Deficit / Hyperactivity Disorder: Technical review 3.* Rockville, MD: US Department of Health and Human Services, Agency for Health Care Policy and Research.

Greenhalgh, T. 1999 Narrative based medicine in an evidence based world. *BMJ Clinical Research,* **318**(7179), 323-325. (http://www.researchgate.net/publication/13365279_Narrative-based_medicine_in_an_evidence-based_world)（2016年3月12日閲覧）

Gubrium, J. F., & Holstein, J. A. 1990 *What is family.* Mayfield Publishing Company.（＝1997 中河伸俊・湯川純幸・鮎川潤（訳） 家族とは何か――その言説と現実 新曜社）

Gusfield, J. R. 1967 Moral passage: The symbolic process in public designations of deviance. *Social Problems,* **15** (2), 175-188.

浜田寿美男 1992 第10章 羞恥する自我，第11章 私たちの生のかたちを決めるもの 浜田寿美男（編著） 「私」というもののなりたち ミネルヴァ書房 pp.261-307.

ハッペ，F. G. E. 1996 アスペルガー症候群の成人による自伝――解釈の問題と理論

への示唆　フリス，U.（編）　自閉症とアスペルガー症候群　東京書籍　pp. 361-423.

原仁　2007　ADHD は発達障害か？　石川元（編）　現代のエスプリ，474　スペクトラムとしての軽度発達障害I　至文堂　pp. 96-106.

原田謙　2002　ADHD／非行・暴力・犯罪への親和性——反抗挑戦性障害・行為障害を含むスペクトラム　石川元（編）　現代のエスプリ，414　ADHD の臨床——21世紀からのアプローチ　至文堂　pp. 163-171.

日高茂暢　2011　自閉症スペクトラム障害における文脈にもとづく表情認知過程　北海道大学大学院教育学研究院紀要，**114**, 101-121.

広川律子（編）2003　オレは世界で二番目か？——障害児のきょうだい・家族への支援　クリエイツかもがわ

廣松渉・増山眞緒子　1986　共同主観性の現象学　世界書院

Holstein, J. A., & Gubrium, J. F. 1995 *The active interview.* Sage Publications.（＝2004　山田富秋・兼子一ほか（訳）　アクティヴ・インタビュー　せりか書房）

星野晋　2006　医療者と生活者の物語が出会うところ　江口重幸・斎藤清二・野村直樹（編）ナラティヴと医療　金剛出版　pp. 70-81.

宝月誠　1983　不幸のアイロニー　石川実・大村英昭・中野正大・宝月誠　日常世界の虚と実　有斐閣選書　pp. 179-220.

市川宏伸　2002　ADHD の生物学的背景　石川元（編）　現代のエスプリ，414 ADHDの臨床——21世紀からのアプローチ　至文堂　pp. 53-60.

池田喬　2013　研究とは何か，当事者とは誰か　石原孝二（編）　当事者研究の研究　医学書院　pp. 113-148.

Illich, I. 1978 *Disabling professions.* Marion Bpyars.（＝1984　尾崎浩（訳）専門家時代の幻想　新評論）

稲垣恭子　1985　教室における相互作用——クラスルームにおける社会学　柴野昌山（編）　教育社会学を学ぶ人のために　世界思想社　pp. 145-155.

井上健治・柏木恵子・古沢頼雄（編）　1975　青年心理学　有斐閣

井上とも子　2002　学校教育は ADHD にとってどのような環境なのか　石川元（編）　現代のエスプリ，414　ADHD の臨床——21世紀からのアプローチ　至文堂　pp. 146-154.

石原孝二　2013　当事者研究の研究　医学書院

石川元　2002　ADHD が取り持つ学校現場と精神医療のチャーミングな関係　石川元（編）現代のエスプリ，414　ADHDの臨床——21世紀からのアプローチ　至文堂

pp. 5-16.

石川憲彦 1988 治療という幻想――障害の医療からみえること 現代書館

石川憲彦 2002 学級崩壊とADHD 高岡健(編)学校の崩壊――学校という〈異空間〉の病理 批評社 pp. 47-72.

石川憲彦 2005 自閉症スペクトラムの社会的処遇 高岡健・岡村達也(責任編集) 精神医療,37 自閉症スペクトラム 批評社 pp. 51-60.

石川憲彦 2006 心の病はこうしてつくられる 批評社

磯部潮 2005 発達障害かもしれない――見た目は普通の,ちょっと変わった子 光文社

Karr-Morse, R., & Wiley, M. S. 1997 *Ghosts from the nursery: Tracing the roots of violence.* New York: Atlantic Monthly Press. (=2000 朝野富三・庄司修也(監訳) 育児室からの亡霊 毎日新聞社)

片桐雅隆(編) 1989 意味と日常世界――シンボリック・インタラクショニズムの社会学 世界思想社

片桐雅隆 2000 自己と「語り」の社会学――構築主義的展開 世界思想社

河邉貴子 2001 子どもを知る 青木久子・間藤侑・河邉貴子 子ども理解とカウンセリングマインド――保育臨床の視点から 萌文書林 pp. 83-110.

川原ゆかり 2002 児童相談所におけるADHD 石川元(編) 現代のエスプリ,414 ADHDの臨床――21世紀からのアプローチ 至文堂 pp. 135-139.

Kenny, T. J., Clemmens, R. L., & Hudson, B. W. 1971 Characteristics of children referred for hyperactivity. *The Journal of Pediatrics*, **78**, 618-622.

木田淳子 1994 家族論の地平を拓く――競争社会・性別分業・「母性」 あゆみ出版

北沢清司 1992 発達障害児・者の家族へのサポート 発達障害研究,**14**(2),81-90.

Kleinman, A. 1988 *The illness narratives: Suffering, healing, and the human condition.* Basic Books. (=1996 江口重幸・五木田紳・上野豪志(訳) 病の語り――慢性の病をめぐる臨床人類学 誠信書房)

小枝達也 2002 脳・神経科学はAD/HDを解明しつつあるか? 石川元(編) 現代のエスプリ,414 ADHDの臨床――21世紀からのアプローチ 至文堂 pp. 42-52.

小林真理子・近藤直司 2007 青年期の引きこもりと発達障害 石川元(編) 現代のエスプリ,474 スペクトラムとしての軽度発達障害Ⅰ 至文堂 pp. 212-217.

向後礼子・山本智子 2014 ロールプレイで学ぶ教育相談ワークブック ミネルヴァ書

房

厚生労働省　みんなのメンタルヘルス総合サイト　http://www.mhlw.go.jp/kokoro/know/disease_develop.html（2016年1月22日閲覧）

厚生労働省　2015　改正障害者雇用促進法に基づく「障害者差別禁止指針」と「合理的配慮指針」を策定しました　http://www.mhlw.go.jp/stf/houdou/0000078980.html（2016年3月19日閲覧）

久保紘章　1982　障害児をもつ家族　加藤正明・藤縄昭・小此木啓吾（編）　講座　家族精神医学3　ライフサイクルと家族の病理　弘文堂　pp. 141-157.

熊倉伸宏・矢野英雄（編）　2005　障害ある人の語り──インタビューによる「生きる」ことの研究　誠信書房

楠本伸枝・岩坂英巳・西田清　2002　親と医師，教師が語るAD/HDの子育て・医療・教育　クリエイツかもがわ

Lahey, B. B., Applegate, B., McBurnett, K., Greenhill, L., Hynd, G. W., Barkley, R. A., Newcorn, J., Jensen, P., & Richters, J. 1994 DSM field trials for attention deficit hyperactivity disorder in children and adolescents. *The American Journal of Psychiatry*, **151** (11), 1673-1685.

レイン, R. D.　阪本健二・志貴春彦・笠原嘉（訳）　1971　ひき裂かれた自己　みすず書房

Lambert, N., Sandoval, J., & Sassone, D. 1978 Prevalence of hyperactivity in elementary school children as a function of social system definition. *American Journal of Orthopsychiatry*, **48**, 446-463.

松下佐智子・鈴木奈美　2002　友だちみんなの中で──AD/HD児を育てる・母親と教師の交換日記　現代企画部

Mcnamee, S., & Gergen, K. J. 1992 *Therapy as social construction*. SAGE Publication. （＝1997　野口裕二・野村直樹（訳）　ナラティヴ・セラピー──社会構成主義の実践　金剛出版）

三橋美典・中井昭夫・川谷正男ほか　2009　発達障害児の表情認知に関する神経心理学的検討　福井大学教育地域科学部紀要（教育科学），**65**，1-15.

望月葉子　1997　『学習障害』のある者の職業上の諸問題に関する研究　障害者職業総合センター調査研究報告書No. 19.　pp. 116-149.

文部科学省　主な発達障害の定義について　http://www.mext.go.jp/a_menu/shotou/tokubetu/004/008/001.htm（2016年1月22日閲覧）

文部科学省　特別支援教育について　http://www.mext.go.jp/a_menu/shotou/tokubetu/

main.htm（2016年1月22日閲覧）

森修　2000　ズバリ,「しょうがい」しゃ　解放出版社

森岡正芳　2002　物語としての面接――ミメーシスと自己の変容　新曜社

森岡正芳　2005　うつし　臨床の詩学　みすず書房

森岡正芳　2007　当事者視点に立つということ　宮内洋・今尾真弓（編）　あなたは当事者ではない――〈当事者〉をめぐる質的心理学研究　北大路書房　pp. 185-195.

森岡正芳　2008　ナラティヴと心理療法　金剛出版

森岡正芳　2009　語りと騙りの間を生かす――セラピーの場で　金井壽宏・高井俊次・中西眞知子（編）　語りと騙りの間――羅生門的現実と人間のレスポンシビリティ　ナカニシヤ出版　pp. 24-37.

森岡正芳・山本智子　2014　発達障害概念の社会性――人は障害をどう生きるのか　臨床心理学, **14**（2）, 168-173.

村瀬嘉代子　2002　ADHDとレッテルを貼られた子どもとその家族への対応　石川元（編）　現代のエスプリ, 414　ADHDの臨床――21世紀からのアプローチ　至文堂　pp. 140-145.

内藤朝雄　2000　アセスメント　畠中宗一（編）　現代のエスプリ, 393　臨床社会学の展開　至文堂　pp. 64-71.

中井孝章・清水由香（編著）　2008　病いと障害の語り――臨床現場からの語りの生成論　日本地域社会研究所

中村雄二郎　1992　臨床の知とは何か　岩波新書

中根晃・上野一彦・横山浩之・石川元座談会　2007　「軽度発達障害」は教育と医療とのインターフェースになりうるか　石川元（編）　現代のエスプリ, 474　スペクトラムとしての軽度発達障害Ⅰ　至文堂　pp. 5-39.

中根成寿　2002　「障害をもつ子の親」という視座　立命館産業社会論集, **38**（1）, 139-163.

中田洋二郎　2002　子どもの障害をどう受容するか　大月書店

Neven, R. S., Anderson V., & Godber T. 2002 *Rethinking ADHD: Integrated approaches to helping children at home and at school.* Allen & Unwin.（＝2006　田中康雄（監修）森田由美（訳）ADHD医学モデルへの挑戦　明石書店）

『西日本新聞』　2015年12月27日版

野家啓一　1993　言語行為の現象学　勁草書房

野口裕二　2002　物語としてのケア――ナラティヴ・アプローチの世界へ　医学書院

野口裕二　2005　ナラティヴの臨床社会学　勁草書房

野村和弘・北村肇(編著) 2006 発達障害とメディア 現代人文社

野村直樹 2008 やさしいベイトソン――コミュニケーション理論を学ぼう! 金剛出版

Nylund, D. 2000 *Treating Huckleberry Finn: A new narrative approach to working with kids diagnosed ADD/ADHD.* John Wiley & Sons.(=2006 宮田敬一・窪田文子(監訳) ADHDへのナラティヴ・アプローチ 金剛出版)

生地新 2005 発達障害概念の拡大の危険性について 高岡健・岡村達也(責任編集) 精神医療, 37 自閉症スペクトラム 批評社 pp. 37-44.

生地新 2007 「軽度発達障害」という「診断」を設定することで発見されるもの, 隠蔽されるもの 石川元(編) 現代のエスプリ, 474 スペクトラムとしての軽度発達障害Ⅰ 至文堂 pp. 89-95.

岡野高明 2002 成人女性の注意欠陥/多動性障害 石川元(編) 現代のエスプリ, 414 ADHDの臨床――21世紀からのアプローチ 至文堂 pp. 84-92.

大井学 2002 誰かお水を運んできてくれるといいんだけどな――高機能広汎性発達障害のコミュニケーション支援 聴能言語学研究, **19**(3), 224-229.

大阪市発達障害者支援体制整備委員会 2008 大阪市発達障害者支援体制整備委員会最終報告

尾崎洋一郎 2001 ADHD及びその周辺の子どもたち 同成社

小澤勲 2003 痴呆を生きるということ 岩波新書

小澤勲・土本亜理子 2004 物語りとしての痴呆ケア 三輪書店

Parsons, T. 1951 *The social system.* New York: The Free Press.

Peloquin, L., & Klorman, R. 1986 Effects of methopenidate on normal children's mood, event related potentials, and performance in memory scanning and vigilance. *Journal of Abnormal Psychology*, **95**(1), 88-98.

Prendergast, M., Taylor, E. et al. 1988 The diagnosis of childhood hypersctivity: A US-UK cross national study of DSM-Ⅲ and ICD-9. *Journal of Child Psychology and Psychiatry*, **29**, 289-300.

Prosser, B. 1997 Why AD/HD needs urgent attention. *Education Review*, **1**(7), 12.

Reid, R., Maag, J. W., & Vasa, S. F. 1993 Attention Deficit Hyperactivity Disorder as a disability category: A critique. *Exceptional Children*, **60**, 198-214.

Reiff, M. I. et al. 2004 *ADHD: A complete and authoritative guide.* U.S.A.: American Academy of Pediatrics.

Sackett, D. L., Rosenberg, W. M. C., Gray, J. A. M., Haynes, R. B., & Richardson, W. S.

2002 *Evidence based medicine: How to practice and teach EBM*, 2nd ed. Churchill Livingstone.（＝2003　Evidence-Based Medicine──EBMの実践と教育　エルゼビア・サイエンス）

齋藤万比古　2002　医療におけるAD/HDと不登校の位置関係　石川元（編）　現代のエスプリ，414　ADHDの臨床──21世紀からのアプローチ　至文堂　pp.93-100.

斎藤清二・岸本寛史　2003　ナラティブ・ベイスト・メディスンの実践　金剛出版

斎藤清二　2006　医療におけるナラティヴの展望──その理論と実践の関係　江口重幸・斎藤清二・野村直樹（編）　ナラティヴと医療　金剛出版　pp. 245-265.

坂口廣志（報告）　2008　堺市における「発達障害者支援」に対する取り組み状況について　『発達障害者支援法の見直しに関するJDDネット地域ミーティング2008』大阪会場

榊原洋一　2000　「多動性障害」児──「落ち着きのない子」は病気か？　講談社＋α新書

阪本亜樹　2010　就労支援の立場から「障害」をみる　発達，**123**，40-46.

Sanders, W. B. 1976 *Juvenile delinquency*. New York: Praeger Publishers.

Sandoval, J., Lambert, N. M., & Yardell, W. 1976 Current medical practice and hyperactive children. *American Journal of Orthopsychiatry*, **46**, 323-334.

『さぽーと』　2010　特集：生活の質を高める！　**645**.

佐々木正美　2002　序文　松下佐智子・鈴木奈美　友だちみんなの中で──AD/HD児を育てる・母親と教師の交換日記　現代企画室　pp. 5-15.

Schmitt, B. D. 1975 The minimal brain dysfunction myth. *American Journal of Diseases of Children*, **129**, 1313-1318.

Schrag, P., & Divoky, D. 1975 *The myth of the hyperactive child*. New York: Pantheon Books.

Schütz, A. 1967 *The phenomenology of the social world*. Evanston, IL: Northwestern University Press.（＝1980　森川眞規雄・浜日出夫（訳）　現象学的社会学　紀伊國屋書店）

芹沢俊介・藤井誠二ほか　1999　脱「学級崩壊」宣言　春秋社

柴野昌山（編）　2001　文化伝達の社会学　世界思想社

「支援」編集委員会　2012　支援Vol 2　生活書院

島治伸　2007　なぜ軽度発達障害という名称が用いられないのか　石川元（編）　現代のエスプリ，474　スペクトラムとしての軽度発達障害I　至文堂　pp. 117-121.

塩川宏郷　2007　不登校と軽度発達障害　石川元（編）　現代のエスプリ，474　スペク

トラムとしての軽度発達障害Ⅰ　至文堂　pp. 205-211.
汐見稔幸　2001　受験戦争はこうして始まった——1970年代まで　NHK日本の宿題プロジェクト（編）　学校の役割は終わったのか　日本放送出版協会　pp. 6-73.
Shotter, J. 1993 *Conversational realities: Constructing life through language*. London: Sage.
Solinit, A., & Stark, M. 1961 Mourning and the birth of a defective child. *The Psychoanalytic study of the child*, **16**, 523-537.
シュプランガー，E.　原田茂（訳）　1973　青年の心理　共同出版
杉山登志郎　2000　軽度発達障害　発達障害研究，**21**，241-251.
杉山登志郎　2005　アスペルガー症候群とは何か　麻生武・浜田寿美男（編）　よくわかる臨床発達心理学　ミネルヴァ書房　pp. 122-123.
杉山登志郎　2007　子ども虐待という第四の発達障害　学習研究社
Sullivan, H. S. 1953 *The interpersonal theory of psychiatry*. New York: Norton.
髙井俊次　2009　ことばが人に届くとき　金井壽宏・森岡正芳・髙井俊次・中西眞知子（編）語りと騙りの間——羅生門的現実と人間のレスポンシビリティ　ナカニシヤ出版　pp. 2-10.
髙森明　2012　当事者の語りの作られ方——〈障害者役割〉が圧殺するもの　支援，**2**，29-41.
髙岡健　2005　自閉症スペクトラム入門　髙岡健・岡村達也（責任編集）　精神医療，37　自閉症スペクトラム　批評社　pp. 6-17.
竹中均　2008　自閉症の社会学　世界思想社
竹内洋　1981　競争の社会学——学歴と昇進　世界思想社
玉井収介　1983　自閉症　講談社現代新書
田中康雄・髙山恵子　1999　ボクたちのサポーターになって！！　えじそんブックレット
立岩真也　2000　弱くある自由へ　青土社
寺脇研・宮台真司　2001　〈討論〉学校の役割は終わったのか　NHK「日本の宿題」プロジェクト（編）　学校の役割は終わったのか　日本放送出版協会　pp. 230-278.
十一元三　2003　自閉症の治療・療育研究最前線　そだちの科学，**1**，17-26.
辻内琢也　2006　民族セクター医療をめぐるナラティヴ　江口重幸・斎藤清二・野村直樹（編）　ナラティヴと医療　金剛出版　pp. 129-143.
氏家靖浩　2005　"気がかりな"特別支援教育の本質　髙岡健・岡村達也（編）　精神医

療，37　自閉症スペクトラム　批評社　pp. 27-36.
浦河べてるの家　2005　べてるの家の「当事者研究」　医学書院
Vygotsky, L. 1986 *Thought and language.* Cambridge, Massachusetts: The MIT Press.
ワロン，H.　浜田寿美男（訳編）　1983　身体・自我・社会——子どものうけとる世界と子どもの働きかける世界　ミネルヴァ書房
渡邊拓也　2004　医療化の周辺——ADHDの出現とその功罪　京都社会学年報，12，91-108.
White, M., & Denborugh, D. 1998 *Introducing narrative therapy: A collection of practice-based writings.* Dulwich Centre Publications.（＝2000　小森康永（訳）　ナラティブ・セラピーの実践　金剛出版）
White, M., & Epston, D. 1990 *Narrative means to therapeutic ends.* Norton.（＝1992　小森康永（訳）　物語としての家族　金剛出版）
ウィリアムズ，D.　河野万里子（訳）1993　自閉症だったわたしへ　新潮社
Wing, L. 1996 *The autistic spectrum.* London: Robinson Publishing.（＝1998　久保紘章・佐々木正美・清水康夫（訳）　自閉症スペクトル——親と専門家のためのガイドブック　東京書籍）
山本智子　2003　学習障害（LD）と注意欠陥多動障害（ADHD）における母親の障害受容——子どもの二次障害との関連について　大阪女子大学人文社会学部人間関係学科卒業論文
山本智子　2004　LD/ADHDが虐待に向かうとき　奈良女子大学文学部研究教育年報，1，35-44.
山本智子　2005　軽度発達障害児をめぐる〈負の循環〉——親の被害感情と子への否定的対応との関連について　発達，**103**，89-96.
山本智子　2008a　「母と子の葛藤」を生み出す社会的状況について——思春期／青年期の子をもつ母親の語りを手がかりに　奈良女子大学社会学論集，**15**，157-174.
山本智子　2008b　知的障害をもつ人たちの自傷行為と統合的ケア　臨床心理学，**8**（4），535-540.
山本智子　2008c　ある軽度知的障害をもつ人の語りと行為における変容のプロセス　臨床心理学，**8**（6），859-871.
山本智子　2010a　障害とは何か　発達，**123**，2-3.
山本智子　2010b　AD/HDと診断された子どもたち——彼らは「障害」をどう語るか　発達，**123**，61-68.

山本智子　2011　子どもの「問題行動」の背景にある「本音」——様々に語り直される「本音」をどう聴くか　発達，**127**，46-59.

山本智子　2012　語りからみた「当事者支援」という錯誤——誰が誰を支援するのか　発達，**132**，76-83.

山本智子　2013　「語り」を意味づける意識化された〈私〉と意識化されない〈私'〉——［不登校］事例の検討を通して意味生成の多様性を探る　近畿大学教職教育部紀要，**24**（2），57-75.

山本智子　2014　当事者研究——伝えたいことを伝えていくために　森岡正芳・大山泰宏（編）　臨床心理職のための「研究論文の教室」——研究論文の読み方・書き方ガイド　臨床心理学　増刊（第6号）　金剛出版　pp. 166-170.

山本智子　2015a　障害者支援施設（知的）における「当事者支援」への視点——利用者と施設職員の物語が出会う場所で　森岡正芳（編著）　臨床ナラティヴアプローチ　ミネルヴァ書房　pp. 233-245.

山本智子　2015b　知的障がいがある人への支援における「当事者性」を問う——障害者支援施設（知的）における利用者と職員の語りから，その多様性を探る　臨床心理学研究，**52**（2），25-39.

山本智子・樫田美雄・氏家靖浩　2011　「場面」が異なることで見える「コミュニケーション特性」の違い——アスペルガー症候群と診断されたSくんの事例から　奈良女子大学社会学論集，**18**，51-65.

山本智子・阪本亜樹・北井香織　2013　障がいがある人の「当事者性」，「自己決定」を支える支援とは——アスペルガー症候群と診断された利用者に対する就労支援の事例から　京都国際社会福祉センター紀要　発達・療育研究，**29**，29-41.

山登敬之・片桐健司ほか　2002　座談会　「私たちは『学級の崩壊』にどう向かい合うか」　高岡健（編）　学校の崩壊——学校という〈異空間〉の病理　批評社　pp. 12-46.

山崎晃資　2005　発達障害と子どもたち——アスペルガー症候群，自閉症，そしてボーダーラインチャイルド　講談社

要田洋江　1999　障害者差別の社会学　岩波書店

索　引

あ　行

曖昧な言葉　53
アスペルガー症候群　iii, 18, 44, 62, 71, 78, 104, 123, 137, 149, 162
アセスメント　8
医学的・科学的研究　36
医学・リハビリモデル　vii
生きたい自分　94
生きづらさ（生きにくさ）　v, 4
生きる場の構造　4
意識していない価値観　iv
異質性　45
一般就労　77
意味のある対話　11
違和感　17, 61
内側からの体験　11
内なる他者　141
エコラリア（おうむ返し）　45

か　行

解釈　4
学習障害（LD）　5, 18
語り　11
学校現場　7
関係性　4
感情表出ルール　134
聴き手のフィルター　25
傷つく言葉　103
規範　iv
虐待　115
共振　151
恐怖　64
近代科学のもつ課題　39
グループホーム　101
訓練　61
ケース検討会　164
ケース検討票　165

言語装置としての「声」　47
謙遜する言葉　50
見当違いの支援　94
高機能自閉症　14
高等特別支援学校　155
広汎性発達障害　95
合理的配慮指針　173
克服論　128
こだわり行動　170
困難　4

さ　行

罪悪感　134
再犯防止支援　6
錯誤　21
幸せ　iii, iv
支援の組み立て　19
自己決定　12, 94
自己肯定感　91
自己評価の低さ　90
失敗経験　98
質問紙調査　40
自分を守る道具　70
自閉症スペクトラム障害（ASD）　iii, 4, 44, 70, 95, 124, 132
社会性の欠如　54
社会的現実　41
社会的知性　124
社会の尺度　67
社会モデル　vii
周辺症状　4
就労移行支援事業　77
就労継続支援事業所（A型）　77
就労継続支援事業所（B型）　77, 157
就労支援　79
就労支援サービス　71
就労支援施設　71

掌握 153
障がいが治る 67
障がい児の兄弟 27
障害者虐待防止法 115
障害者差別禁止指針 172
障がい者面接会 82
障がい者役割 149
障がいの診断 70
衝動的な攻撃 14
職員の声掛けの不適切さ 92
職員の役割意識や専門性 21
自立支援センター 162
事例検討会 148
診断のもつ危うさ 8
心理・社会的な環境 5
救われる言葉 103
生活介護事業所 157
正常 71
精神障害 148, 171
生態学的妥当性 47
早期発見 18
早期療育 18

た 行

対人援助 94
対人過程 42
ダイナミックな存在 12
代理行為 176
対立やいざこざ 20
妥協や納得 57
他者視点 49
他者視点に立った思いやり 50
他者との関係性 41
他者の語りの意味 25
他者の存在 v
達成感 91
ダブルバインド理論 42
試し行動 166
他律的 136
小さな理論 57
知的障害 14, 78, 101, 148, 150, 162, 171

注意欠如・多動性障害（ADHD） 5, 14, 18, 104, 105, 137
中核症状 4
治療 61
通所施設 55
適切な振る舞い 68
当事者 10
当事者研究 10
当事者不在の支援 94
同質性 136
同調性 136
投薬治療 v
特別支援教育 7, 18, 104
特別なニーズのある子どもたち 104
戸惑い 136
ドミナントな物語 100
トライアル雇用 82

な 行

ナラティヴ vii
認識のずれ 3
認知症 36
認知を歪める体験 129
ネガティヴな語り 76
ネガティヴな眼差しや扱い 141
ネガティヴ・フィルター 124
脳性まひ 158
脳の器質的・機能的な障がい 5
脳の中の問題 4

は 行

排除 73
配慮 72
恥の文化 136
発達障害 v, 4, 9, 18, 36, 108, 123, 152, 155, 171
発達障害者支援法 18
反社会的な問題 5
被害的な感情 88
人が生きる現実 39
表情認知能力 124
病理 42

福祉慣れ行動　176
普通の話　148
負の関係性　113
負のスパイラル　88
フラッシュバック　13
文化的装置　125
暴言　81
暴力　81

ま 行
見返り期待　169
モノやヒトへの〈こだわり〉　54
問題行動　168

や 行・ら 行
病いの意味　38
病いの体験　37
養護学校　55
羅生門的現実　25
離転職　71
療育手帳　78

欧 文
Disabilities　6
Disorder　6
DSM-5　iii
MBD（微細脳損傷）　105
QOL（Quality of Life：生活の質）　149
SCT（文章完成テスト）　42
SST（社会的スキル訓練）　67

本書の以下の箇所は，既刊の雑誌や書籍に掲載された文章の一部を抜粋して加筆修正したものです。

- 「はじめに」の「語られない「私たち」のあり方」(pp. v-vii) …
  山本智子　2010　AD/HDと診断された子どもたち——彼らは「障害」をどう語るか　発達，**123**，61-68.
- 第1章「3　「あなた」という存在は私たちの行為を反映する」の「「当事者」とは」(pp.10-12) …
  山本智子　2014　当事者研究——伝えたいことを伝えていくために　森岡正芳・大山泰宏（編）臨床心理職のための「研究論文の教室」——研究論文の読み方・書き方ガイド　臨床心理学　増刊（第6号）　金剛出版　pp.166-170.
- 第1章「3　「あなた」という存在は私たちの行為を反映する」の「「暴れる」という行為の背景」(pp.13-14) …
  山本智子　2010　AD/HDと診断された子どもたち——彼らは「障害」をどう語るか　発達，**123**，61-68.
- 第3章「2　優斗君に固有の「理論（説明モデル）」」(pp.42-54) …
  山本智子・樫田美雄・氏家靖浩　2011　「場面」が異なることで見える「コミュニケーション特性」の違い——アスペルガー症候群と診断されたSくんの事例から　奈良女子大学社会学論集，**18**，51-65.
- 第3章「3　斉藤さんに固有の「理論（説明モデル）」」(pp.55-57) …
  山本智子　2012　語りからみた「当事者支援」という錯誤——誰が誰を支援するのか　発達，**132**，76-83.
- 第4章「2　「なぜ，僕は苦しむのだろう」」(pp.70-76) …
  森岡正芳・山本智子　2014　発達障害概念の社会性——人は障害をどう生きるのか　臨床心理学，**14**(2)，168-173.
- 第5章「1　発達障害がある人が語る「夢」を諦めない」(pp.77-95) …
  山本智子・阪本亜樹・北井香織　2013　障がいがある人の「当事者性」，「自己決定」を支える支援とは——アスペルガー症候群と診断された利用者に対する就労支援の事例から　京都国際社会福祉センター紀要　発達・療育研究，**29**，29-41.
- 第5章「2　面接に行かなかった理由」(pp.95-102) …
  山本智子　2015　障害者支援施設（知的）における「当事者支援」への視点——利用者と施設職員の物語が出会う場所で　森岡正芳（編著）臨床ナラティヴアプローチ　ミネルヴァ書房　pp.233-245.

《著者紹介》

山本智子(やまもと　ともこ)
　　奈良女子大学大学院博士後期課程修了　博士(社会科学)(奈良女子大学)
　　臨床発達心理士
　　現　在　近畿大学教職教育部　准教授
　　主　著　『臨床ナラティヴアプローチ』(共著)ミネルヴァ書房，2015年
　　　　　　『ロールプレイで学ぶ教育相談ワークブック』(共著)ミネルヴァ書房，2014年
　　　　　　『カウンセリングと教育相談』(共著)あいり出版，2012年

　　　　　　発達障害がある人のナラティヴを聴く
　　　　　　──「あなた」の物語から学ぶ私たちのあり方──

　　　2016年4月30日　初版第1刷発行　　　　　　　〈検印省略〉

　　　　　　　　　　　　　　　　　　　定価はカバーに
　　　　　　　　　　　　　　　　　　　表示しています

　　　　　　　　　著　者　　山　本　智　子
　　　　　　　　　発行者　　杉　田　啓　三
　　　　　　　　　印刷者　　中　村　勝　弘

　　　　　　　発行所　株式会社　ミネルヴァ書房
　　　　　　　　　　607-8494 京都市山科区日ノ岡堤谷町1
　　　　　　　　　　電話代表　(075)581-5191
　　　　　　　　　　振替口座　01020-0-8076

　　　　　© 山本智子, 2016　　　　　　中村印刷・新生製本

　　　　　　　ISBN978-4-623-07678-9
　　　　　　　　Printed in Japan

ロールプレイで学ぶ教育相談ワークブック ――子どもの育ちを支える 向後礼子・山本智子／著	B5判／162頁 本体　2000円
臨床ナラティヴアプローチ 森岡正芳／編著	A5判／300頁 本体　3000円
知能の誕生 J.ピアジェ／著　谷村　覚・浜田寿美男／訳	A5判／560頁 本体　6000円
身体・自我・社会 ――子どものうけとる世界と子どもの働きかける世界 H.ワロン／著　浜田寿美男／訳編	四六判／276頁 本体　2500円
私と他者と語りの世界 ――精神の生態学へ向けて 浜田寿美男／著	A5判／276頁 本体　2500円
〈子どもという自然〉と出会う ――この時代と発達をめぐる折々の記 浜田寿美男／著	四六判／220頁 本体　2000円
関係性の発達臨床 ――子どもの〈問い〉の育ち 山上雅子・古田直樹・松尾友久／編著	A5判／242頁 本体　2500円
発達支援の場としての学校 ――子どもの不思議に向き合う特別支援教育 東村知子・麻生　武／編著	A5判／274頁 本体　2800円
子どもと保育者の物語によりそう巡回相談 ――発達がわかる，保育が面白くなる 浜谷直人・三山　岳／編著	四六判／272頁 本体　2400円
ディスコースの心理学 ――質的研究の新たな可能性のために 鈴木聡志・大橋靖史・能智正博／編著	A5判／252頁 本体　2500円

―――――ミネルヴァ書房―――――

http://www.minervashobo.co.jp/